Felten | ›Schwierige‹ Schüler

Bildung und Unterricht

Michael Felten

›Schwierige‹ Schüler

Wer sie versteht, kann ihnen helfen

Reclam

RECLAMS UNIVERSAL-BIBLIOTHEK Nr. 14361
2023 Philipp Reclam jun. Verlag GmbH,
Siemensstraße 32, 71254 Ditzingen
info@reclam.de
Gestaltung: Cornelia Feyll, Friedrich Forssman
Druck und Bindung: Elanders Waiblingen GmbH,
Anton-Schmidt-Straße 15, 71332 Waiblingen
Printed in Germany 2025
RECLAM, UNIVERSAL-BIBLIOTHEK und
RECLAMS UNIVERSAL-BIBLIOTHEK sind eingetragene Marken
der Philipp Reclam jun. GmbH & Co. KG, Stuttgart
ISBN 978-3-15-014361-2
reclam.de

Inhalt

DER INTERESSIERTE:

Das ist jetzt also so ’ne Art Rezeptbuch?

DER KUNDIGE:

Nun, Kinder sind ja lebendige Wesen, da kommt man mit Rezepten nicht weit. Interessant sind indes Beispiele, bei denen etwas gelungen ist.

DER INTERESSIERTE:

Schön und gut. Aber in meiner Klasse sind mindestens zehn Schüler schwierig – ich kann mich doch nicht aufteilen!

DER KUNDIGE:

Man fängt mal bei einem an. Danach fallen die nächsten beiden schon leichter. Und so weiter. Man gewinnt allmählich ein Grundverständnis, bekommt Einblick in die Kinderseele.

DER INTERESSIERTE:

Hm, Radau machen, Mitschüler plagen, faul sein – ob ich da mit Verständnis weit komme, das erscheint mir doch reichlich fraglich.

DER KUNDIGE:

Wir werden ja sehen.

DER INTERESSIERTE:

Aber ich bin doch kein Sonderpädagoge. Manchen Störenfried wäre ich einfach gern los.

DER KUNDIGE:

Das ist verständlich. Andererseits: Es ist eine förmliche Krönung – einen Quertreiber zu durchschauen, zu beruhigen und auf einen positiven Weg zu bringen …

Vorbemerkung

Unterrichten, das ist eigentlich herrliche Arbeit – allerdings auch eine fordernde: jungen Menschen immer wieder aufs Neue interessante Blicke auf Natur und Kultur eröffnen, sie zu Bildungsprozessen anregen, ihre Persönlichkeitsentwicklung fördern.

Unterrichten kann Lehrkräfte auch hochgradig belasten – wenn sie auf Schüler[1] stoßen, die ihnen immer wieder einen Strich durch die Planung machen, die ständig die Klasse aufmischen, den Lehrer andauernd provozieren. ›Schwierige‹ Schüler können zu spontanen Reaktionen verleiten, die uns im Nachhinein erschrecken, sie können uns an unsere Grenzen führen, ja überfordern – und nicht wenige Pädagogen geben ihretwegen den eigentlich geliebten Beruf vorzeitig auf. Dabei sollte in einer Schulklasse keineswegs Friedhofsruhe herrschen. Eine gewisse Lebendigkeit, eine auf- und abschwellende Unruhe, Störungen aller Art gehören zum Geschäft, sind ein Stück weit normal.

Qualifiziert unterrichten, sensibel das fachliche Lernen begleiten, das können viele Lehrkräfte. Heikler sieht es hingegen aus, wenn es um die Fähigkeit geht, problematische Entwicklungsverläufe richtig einzuordnen und konstruktiv zu beeinflussen. Solches Können erwirbt man bislang in Studium und Lehrerausbildung eher selten – und das Leben in seiner Zufallshaftigkeit lehrt sie auch nicht unbedingt.

Deshalb gibt dieses Buch zunächst Pädagogen eine Stimme, die mal mit diesem, mal mit jenem ›schwierigen‹ Schü-

1 Begriffe wie »Lehrer« und »Schüler« werden funktional verwendet. Gemeint sind stets Angehörige aller Identitäten.

ler zurechtgekommen sind. Die ihn aufgefangen, seinem Lernen, ja vielleicht seinem Leben eine günstigere Richtung gegeben haben. Denen das womöglich sogar häufiger gelang. Ihre individuellen Analysen und konkreten Auswege beinhalten eine ermutigende Botschaft: Was bei denen geklappt hat, könnte bei mir ja auch funktionieren! Was heute im eigenen Unterricht noch Probleme macht, lässt sich zukünftig in den Griff bekommen! Auch ich kann ein Händchen für Störungen entwickeln!

Dabei geht es immer um ein einzelnes ›schwieriges‹ Kind, nicht um chaotische Klassen – was einen souveränen und lernförderlichen Umgang des Lehrers mit der Klasse als Ganzes ausmacht, wäre ein eigenes Thema (vgl. Felten 2020). Und es geht nicht nur um manifeste ›Störenfriede‹, sondern auch um unauffälligere Sorgenkinder. Denn Lehrersein ist besonders erfüllend, wenn es einem gelingt, ein ungünstiges Schulschicksal abzuwenden. Also zu verhindern, dass ein eigentlich lebensfrohes Kind durch schulische Abläufe entmutigt wird und als Schulversager endet. Oder zu bewerkstelligen, dass ein bereits vor Schulbeginn mutlos gewordenes oder irritiertes Kind neuen Mut fasst – und später kompetent und selbstbewusst ins Leben tritt.

Zwar gibt es kein Einheitsverfahren, mit ›schwierigen‹ Schülern umzugehen, und dieser Band stellt auch keine Rezeptsammlung dar. Dennoch lassen sich aus den Beispielen konkreten Gelingens wesentliche Grundzüge für den Umgang mit Schwierigkeiten, Störungen, Blockaden im Unterricht destillieren. Deshalb werden zunächst schon ältere, dafür gut dokumentierte Positivbeispiele auf ihre Gelingensbedingungen hin analysiert – und diese Prinzipien dann auf aktuelle ›Fälle‹ angewandt. Dies geschieht insbesondere vor dem Hintergrund der Adler'schen Individualpsychologie, des am stärksten pädagogisch fokussierten tiefenpsychologischen Ansatzes. Sieben Miniaturen zeigen ergänzend, dass auch ohne viel Hintergrundwissen ein erfolgreicher Umgang mit schwierigem Verhalten möglich ist.

Vielen scheint, dass kindliche Entwicklungsprobleme und Unterrichtsstörungen in jüngster Zeit vermehrt auftreten – wegen genereller Veränderungen im familiären Erziehungsalltag, neuer medialer Gewohnheiten, Wandlungen im schulpädagogischen Zeitgeist, veränderter gesellschaftlicher Rahmenbedingungen. Und vielleicht haben disziplinlosere Kinder ja auch mit führungsschwächeren Lehrkräften zu tun. Umso wichtiger der Erwerb individueller Störungskompetenz, also der Fähigkeit, förderlich mit Störungen umzugehen. Dies gilt insbesondere angesichts zunehmender inklusiver Beschulung; denn je mehr Durchblick Lehrkräfte bei ›schwierigen‹ Schülern haben, umso eher kann auch Inklusion gelingen.

1 *Sieben Lehren*

Die Vergangenheit birgt oftmals Schätze, die nach Wiederbelichtung rufen. Ausgehend von der reformpädagogisch inspirierten Schulreform im »Roten Wien« zwischen den Weltkriegen gab es in den 1950er Jahren insbesondere in Süddeutschland eine Vielzahl von Lehrern und Schulpsychologen, die es gewohnt waren, ›Störungen‹ nicht plump zu bekämpfen, sondern hinter die Fassade zu schauen. Dabei gelang es ihnen häufig, auch extrem lernbehinderten oder verhaltensauffälligen Schülern (so die damalige Diktion) zu einer positiven Entwicklung zu verhelfen. Eine Reihe von Fällen ist sorgfältig dokumentiert, einige seien im Folgenden komprimiert vorgestellt. Sie machen auch deutlich, dass viele heutige Probleme im Kern gar nicht neu sind, sich lediglich äußerlich unterscheiden.

Ein destruktiver Typ?

Kurz nach dem Zweiten Weltkrieg: Der junge Pädagoge findet in der neu übernommenen sechsten Klasse den Schüler Max vor. Was der frühere Lehrer berichtet hatte, trifft ein: Der Junge stiftet überall Unruhe und Streit, bekommt Wutanfälle, zerstört Materialien seiner Mitschüler. Weder mit Nachsicht noch mit Mahnungen oder Drohungen ist ihm beizukommen, und nach einer brutalen Attacke auf eine Dreijährige sieht der Novize sein Konzept der Güte gescheitert. Aber auch der Griff zum Rohrstock hinterlässt nicht mehr als mörderisches Geschrei.

Der hinzugerufene Schulberater empfiehlt herauszufinden, warum dieses Kind derart große Nachteile für sich selbst in Kauf nimmt, ja geradezu herausfordert. Der Lehrer findet durch sorgfältige Recherche heraus, dass Max in jungen Jahren schwächlich und kränklich war. Er ist das jüngere von zwei unehelichen Kindern (damals eine Schande), seine Mutter musste die beiden Jungen kurz nach der Geburt weggeben, die Pflegemutter zog den Älteren massiv vor. Der Lehrer versucht sich vorzustellen, wie Max diese Mischung aus Verunsicherung, Entbehrung und Benachteiligung erlebt haben muss; er kann jedenfalls in seinen ersten Lebensjahren kein freundliches Bild von der Welt erworben haben. Als er sechs ist, heiratet die Mutter zwar, er kann zurück nach Hause. Die Ehe verläuft aber unglücklich, die Mutter verbündet sich mit ihm gegen den Vater – und bestärkt ihn in dem Gefühl, dass man niemandem trauen könne, dass man anderen Menschen nur mit größtem Misstrauen begegnen dürfe. In einem solchen Zustand kann man natürlich nicht unbeschwert lernen, es kommt zu Misserfolgen, Bloßstellungen, Demütigungen, Strafen – Max' Selbstgefühl leidet weiter. Aber niemand erträgt auf Dauer das Gefühl, immer und überall der Dumme, der Unfähige, der Unbrauchbare zu sein. So verlegt Max sich statt aufs Mittun auf Gegnerschaft, er plagt Schwächere und kämpft mit Stärkeren, auch mit dem Lehrer. Und alle Strafen haben nur einen Effekt: Sie bestätigen Max in seinem Erleben.

Der Lehrer richtet nun zunächst eine Schonzeit für den Jungen ein – er stellt also kaum kognitive Anforderungen an ihn, will vorerst nicht weiter an seinem Minderwertigkeitsgefühl kratzen. Sodann findet er eine (damals höchst ehrenvolle) Aufgabe für Max: Er bietet ihm an, täglich das Rad des Lehrers in den Keller zu bringen und wieder herauszuholen. Schließlich beginnt er, behutsam Max' Stofflücken zu füllen – in einigen Pausen oder nach dem Unterricht. Und als Max einmal länger ins Krankenhaus muss, gelingt es ihm, die Klasse – dem Plagegeist Max gegenüber eigentlich skeptisch eingestellt – als Überbrückungshelfer zu gewinnen: Abwechselnd besuchen die Mitschüler Max zu zweit und berichten ihm vom Unterricht, sprechen mit ihm Aufgaben durch, bringen bisweilen gar Geschenke mit, über Monate. Das beeindruckt sogar die Mutter, die dem keimenden Zutrauen ihres Sohnes zur Schule zunächst argwöhnisch, ja ablehnend gegenübergestanden hatte. Nach etwa einem Jahr hat sich Max so weit beruhigt und gefestigt, dass er probeweise in die nächste Klasse aufrücken kann. Im folgenden Schuljahr wird er als »nett, fleißig und anständig« beschrieben. Und auch der nachfolgende Lehrer, ein eher straffer und unpersönlicher Typ, findet keinen Grund zur Klage.

Was ist da geschehen? Max ist weder mit Reflexionsbögen überfordert noch mit Smileys bestochen worden – und es wurde auch keine zeitfressende, womöglich frontenverhärtende Disziplinarkonferenz einberufen. Stattdessen hat sein Lehrer versucht, die Welt mit den Augen des Störenfrieds zu sehen, das provokante und aggressive Verhalten tiefenpsychologisch einzuschätzen – nämlich als nicht böse, sondern als Akt der Sicherung, eigentlich nachvollziehbar zielstrebig: An seiner Stelle hätte ich vielleicht ebenso gehandelt. Der Lehrer wagte es sodann, trotz Max' starker Affekte an den richtigen Stellen fürsorglich zu reagieren – nur so vermochte der Junge von seinem bisherigen Muster abzulassen und sich sinnvoller als gewohnt zu verhalten. Über längere Zeit und mit steigender Anforderung konnte sich dann ein neues Bewältigungsmuster einschleifen – nicht per Belohnung oder Strafe, sondern durch psychologische Deutung, pädagogische Führung und soziale Gewöhnung.[1]

__Kompensation__ – (seelisches) Prinzip, eine Minuslage auszugleichen, sei es durch Wachstum und Steigerung, sei es durch Verlagerung und Selbsttäuschung.

Doch nicht geistig behindert?

Als der Lehrer seine neue 3. Klasse betritt, sitzt Fritzl völlig teilnahmslos alleine in der letzten Bank. Sein Vorgänger hatte dem Kollegen nur gesagt: »Ich habe ihn in drei Jahren nicht zum Sprechen und Mittun gebracht. Da er aber nur vor sich hindöst, stört er wenigstens nicht.« Bei ihm sei Schwachsinn diagnostiziert worden, er werde wohl seine gesamte Schulzeit einfach in der untersten Klasse absolvieren.

Der Lehrer weiß, dass solche Diagnosen bisweilen ihre Tücken haben, und will sich ein eigenes Bild machen. Er begrüßt alle Schüler einzeln mit Handschlag – und lädt Fritzl ein, sich weiter nach vorne zu setzen, »du gefällst mir«. Am nächsten Tag soll er etwas aus dem Lesebuch vorlesen, schnattert aber nur auswendig die erste Seite herunter. Die Kameraden beschweren sich, der Lehrer indes meint: »Du kannst die ganze Seite auswendig? Gut!« Später überlässt er Fritzl das begehrte Amt, die Klassenglocke zum Stundenende zu läuten – da er sich selbst Stellvertreter aus der Klasse aussuchen darf, wird er plötzlich von allen umwor-

1 Genauer in: Simon 1951/2015. Link zur *full story*: docplayer.org/130902787-Alfonssimon-verstehen-und-helfen.html (9. 2. 2023).

ben. Und als Fritzl eine Begebenheit vom Wochenende erzählen soll, schafft der Lehrer es, dass aus einem zunächst undurchschaubaren Gestammel eine witzige Geschichte wird, von der die Kunde durchs ganze Dorf geht.

Aber nach einem ersten Auftauen stagniert die Entwicklung. Deshalb beginnt der Lehrer, Fritzls Vorgeschichte zu erkunden. Der Junge ist ein Nachkömmling, mit 12 Jahren Abstand zum nächstälteren der 5 Geschwister, auf einem Einödbauernhof zur Welt gekommen, kein Wunschkind, anregungsarm aufgewachsen. Der Vater habe ihn im Suff gezeugt, berichtet die Mutter, er sei deshalb wohl »nicht ganz richtig im Kopf«. Und nach dem Tod des Vaters habe man überhaupt keine Zeit mehr für den Jungen gehabt.

Der Lehrer überlegt, ob Fritzl sich vielleicht vorgenommen hat, um keinen Preis aufzufallen – weil er dann am besten über die Runden käme. Er bittet die Mutter, sie und die älteren Söhne möchten sich doch mehr mit Fritzl unterhalten, vielleicht könne man gemeinsam etwas ändern. Er selbst beginnt, Fritzl nach dem Unterricht kleine pfiffige Nachhilfe›stunden‹ zu geben, mal 5 Minuten, mal eine Viertelstunde, immer lustig und mit viel Ermutigung im Detail gestaltet. Nach einiger Zeit darf der Junge seine Fertigkeiten auch vor der Klasse demonstrieren – und erhält für das überraschende Können riesigen Applaus.

Schon zuvor hatte der Lehrer die Klasse eingeladen, ihm bei Fritzls Ermunterung behilflich zu sein, sie hätten da nämlich einiges in der Hand – und umgekehrt brauche er ja auch Zeit für sie. So bekommt Fritzl irgendwann einen Mitschüler als Leselehrer zugeteilt, darf sich bald auch andere Kameraden dafür aussuchen – worum diese sich mittels Süßigkeiten etc. lebhaft zu bewerben beginnen; er wächst allmählich in die Schar seiner Mitschüler hinein. Nach 7 Monaten ist er tatsächlich so weit, in die nächste Klassenstufe versetzt zu werden. Der Amtsarzt, zur Begutachtung angefragt, meint nach gründlicher Untersuchung verwundert, hier handele es sich wohl um einen der seltenen Fälle von »Pseudo-Schwachsinn«.

Ein Wunder? Nun, die ursprüngliche Vernachlässigung Fritzls hat ihn sicher nicht allzu lernfreudig in die Schule eintreten lassen. Aber durch die naiven Begabungstheorien zunächst der Mutter und dann des Schularztes und ersten Lehrers entstanden zumindest weitere Denk- und Leistungsblockaden. Die Schule hat also zunächst nicht alles darangesetzt, ein mutloses Kind mutiger zu machen – erst ein geduldiger, einfühlsamer und einfallsreicher Lehrer konnte den Stillstand der Entwicklung aufweichen.[2]

Ermutigung – *grundsätzliche erzieherische Haltung, die darauf abzielt, das Vertrauen des Kindes in die eigene Kraft zu stärken und seine Furcht vor Misserfolgen zu schwächen.*

Falsche Tröstungen

Der dreizehnjährige Leopold ist in der Schule eigentlich ein braver, etwas verträumter Junge. Er fällt nur dadurch auf, dass er mal diesem Mitschüler, mal jenem irgendeine Kleinigkeit entwendet. Im Gespräch mit der Mutter stellt sich indes heraus, dass der Junge zu Hause alles verschwinden lässt, was nicht niet- und nagelfest ist. Man könnte jetzt den

2 Genauer in: Seelmann 1982, S. 95 ff.

Standpunkt einnehmen, die schulischen Vorkommnisse seien Peanuts. Aber die Schilderungen aus der Familie lassen annehmen, dass dies nur die Spitze eines Eisbergs ist, dass der Junge ein Problem hat.

Der Lehrer findet heraus, dass Leopold das einzige Kind seiner Mutter aus erster Ehe ist, zwei jüngere Brüder stammen aus der zweiten Ehe; der Stiefvater steht ihm zurückhaltend, ja ablehnend gegenüber. Es wäre also durchaus naheliegend anzunehmen, dass sich Leopold gegenüber den jüngeren Stiefgeschwistern stark zurückgesetzt fühlt. Indem er sich Eigentum anderer aneignet, rächt er sich quasi dafür, dass man ihm etwas weggenommen hat – nämlich elterliche Zuneigung und Beachtung. Mit den Diebstählen sichert und erhöht er also gefühlsmäßig seinen Selbstwert.

Der Lehrer weiß, dass frühkindliche Entthronung das Vertrauen eines Kindes in seine Mitmenschen elementar erschüttern kann – und dann ist es weder durch Strafen noch mit gutem Zureden bereit, sein Verhalten zu ändern. Er baut deshalb eine neue positive Beziehung zu dem Jungen auf und versucht dann, einen Versöhnungsprozess anzustoßen. Über einen längeren Zeitraum führt er immer wieder Unterredungen mit ihm herbei, inszeniert Gespräche mit der ganzen Klasse, lässt Leopold auch einmal eine längere schriftliche Arbeit verfassen, in der dieser seine Geschichte in Romanform reflektiert, lädt bisweilen auch die Mutter zu Beratungen ein.

So denkt er z. B. mit der ganzen Klasse darüber nach, wie wichtig es ist, Schüler mit Problemen nicht bloßzustellen, oder er regt an, sich in destruktives Verhalten von Mitschülern einzufühlen, oder er erbittet von ihnen Vorschläge, wie man mit häuslichen Sorgen umgehen könne. Im Gespräch mit Leopold stellt er immer dessen positive Leistungen in den Vordergrund, spielt häusliche Streitereien des Jungen herunter; im Laufe der Zeit beauftragt er ihn gar damit, einem Mitschüler mit ähnlicher Problematik unter die Arme zu greifen, und er bietet ihm versöhnliche Sichtweisen auf seine Eltern an. Auch in den Unterredungen mit der Mutter versucht er, sie zu entlasten, stellt ihr einen günstigen Ausgang in Aussicht.

Es wäre übertrieben zu sagen, dass Leopold im Verlauf dieses Prozesses sein kindliches Kränkungsgefühl völlig verliert. Er lernt aber seine Mitschüler als eine hilfsbereite Gemeinschaft kennen, und mit der Zeit wächst in ihm die Einsicht, dass man sich in schwierigen Situationen zwar unsozial verhalten kann, dass es aber eine Frage von Ehre und Eigenverantwortung ist, dieser Neigung zu widerstehen. Der Lehrer agiert hier als Tiefenpädagoge – er weiß um die biografisch-emotionalen Verstrickungen des Kindes und berücksichtigt diese in seinem Handeln, thematisiert sie meist aber nur indirekt, arbeitet primär an der aktuellen Lebensrealität.[3]

> ***Geschwisterposition*** *– prägt die kindliche Perspektive des Erlebens im System Familie und den dort entwickelten Lebensstil.*

Erlebte Härte wirkt lange nach

Erste Klasse, ein neues Mädchen kommt während des Schuljahres dazu. Ihr Ton ist rauer als der der anderen Kinder,

3 Genauer in: Wittenberg 2002, S. 137 f.

aber im Großen und Ganzen verhält sie sich mustergültig. Nach drei Wochen allerdings erscheint sie eines Morgens völlig verwildert – sie war übers Wochenende von zu Hause ausgerissen. Seitdem ist sie wie verwandelt, immer wieder geht bei ihr förmlich eine Mine hoch, bei leisester Kritik reagiert sie extrem empfindlich.

Die Lehrerin meldet sich zu einem Hausbesuch an, dort erfährt sie wenig Erfreuliches. Der Vater hat die Familie schon länger verlassen, die Mutter muss die Familie mit wenig Geld über die Runden bringen. Zwei Jungen sind bereits seit Jahren im Kinderheim, zu Hause sind nur zwei Mädchen. Die ganze Liebe der Mutter gilt der ein Jahr jüngeren Schwester, Helga dagegen war unerwünscht und wurde zeitlebens abgelehnt. Helga ist immer an allem schuld, die Mutter hält stets zur Schwester, es gibt Essensentzug und Prügel.

Nun wundert die Lehrerin Helgas Auftreten in der Schule nicht mehr – sie wird sich auch dort nur als Abgelehnte, als Ausgestoßene, als Schuldige sehen. Ein Gefühl der Hilflosigkeit kommt auf – kann die Schule denn in solch krassem Fall überhaupt ein Gegengewicht zum häuslichen Unfrieden schaffen? Immerhin kann die Lehrerin selbst Helga anders begegnen als die Mutter. Und die Mitschüler kann sie dazu bringen, dass diese weniger abweisend auf Helgas Provokationen reagieren – indem sie ihnen, als das Mädchen einmal krank ist, Andeutungen dazu macht, wie schwer dieses es zu Hause hat. Sie um Verständnis dafür ersucht, dass sie Helga manchmal scheinbar bevorzugen müsste. Und sie bittet, ihr zu helfen, damit das Mädchen sich wenigstens in der Klassengemeinschaft etwas sicherer fühlen kann.

Diese Botschaft kommt ganz allmählich bei Helga an,

langsam wird sie ein bisschen weicher, wirkt etwas versöhnt. Aber die häusliche Drangsal geht weiter, fast scheint es, als sei die Mutter eifersüchtig, dass ihre Tochter sich andernorts wohler fühlt. Es kommt zu einem Rückfall, wieder reißt sie aus, ist in der Schule wieder wie wund – aber alle haben sie bereits ein Stück weit liebgewonnen, die Mitschüler nehmen großen Anteil daran, wie es ihr geht.

Dennoch kommen Lehrerin und Erziehungsberater zu dem Schluss, dass ihr eine Schonzeit im Heim guttun würde. Sie entwickelt sich dort sehr gut, alle mögen sie, die dortige Lehrerin staunt. Nach ihrer Rückkehr kommt sie zu einem anderen Lehrer – an den sie sich erstaunlich gut anpassen kann. Aber Mutter und Schwester haben sich nicht verändert, es kommt wieder zu Zuspitzungen, Helga reißt erneut aus. Da ihre erste Lehrerin nicht mehr direkt für sie zuständig ist, beschließt sie, Helga für eine Zeit bei sich aufzunehmen. Das Mädchen ist überglücklich, ab und zu lässt sie sich auch für eine versöhnliche Sicht auf die Mutter gewinnen – sie liebt diese ja eigentlich, trotz allem! Auch in einer zweiten Heimphase geht schulisch alles gut, nur die ›Familienmutter‹ in der Wohngruppe erinnert Helga zu sehr an die leibliche Mutter, da bleibt die Stimmung rumorend.

Dass die Geschichte ein Happy End hat, wird man nicht sagen können – Helga tritt nicht ohne Probleme ins erwachsene Leben ein. Aber sie hat eine ungeheure Entwicklung durchgemacht – das war ebenso schwere wie schöne Arbeit. Und »sie hat einen Menschen gefunden, der sie wirklich liebt und von dem sie weiß, er wird sie nicht mehr verlassen«. Das erleichtert alles, im Weiteren wird sie besser mit Schwierigkeiten umgehen und leben können. Auch die Lehrerin selbst hat sich ungewollt verändert, ihr Verständnis für die Hintergründe menschlichen Unglücks ist gewachsen – und sie hat unglaublich viel Positives vom ›missratenen‹ Kind zurückbekommen![4]

Erziehungsstil – *das Insgesamt aller Einstellungen und Praktiken eines Erziehers: wirkt ermutigend bei Warmherzigkeit, Gleichwertigkeit, Geduld, Anregung; wirkt entmutigend bei Härte und Lieblosigkeit oder Verwöhnung.*

Ein kleiner wilder Mann

Markus (3. Klasse) ist ein kräftiger Junge, laut im Unterricht und rücksichtslos zu Mitschülern; er ist extrem eigenwillig: Sobald es nicht – und zwar sofort – nach seinem Wunsch geht, verfällt er in Kampf. Beim Lernen ist er äußerst ungeduldig: Sobald ihm etwas nicht gelingt, bekommt er einen Wutanfall, der aber auch in Weinen enden kann. Bei Jüngeren ist er gefürchtet und bei Älteren unbeliebt. Nach einem Lehrerwechsel verhält er sich zunächst unauffällig, dann aber zeigt sich das bekannte Bild – ein ständiger Wechsel von Träumereien, Randale und Verweigerung. Sein schulisches Strafregister ist schon lang.

Klar, ein solcher Junge stört das Lernen der Klasse erheblich, und er kommt ja auch selbst schlecht voran. Aber der Lehrer fragt sich: Warum ist er so leicht verletzlich, in ständiger Abwehrbereitschaft? Sein Weinen zeigt, dass er eigentlich ehrgeizig ist, seine Hilflosigkeit dann aber als Wut gegen andere richtet. Ein Eingreifen und Gegensteu-

4 Genauer in: Simon 1958/2016.

ern in diesen Momenten ist völlig sinnlos – aber wo und wie sonst?

Eine Erkundung der familiären Verhältnisse ergibt, dass Markus das jüngste Kind einer großen Schar ist – vier Geschwister und fünf Halbgeschwister tummeln sich außer ihm zu Hause. Schon früh musste er in den Kindergarten, die Mutter ist immer hochbesorgt um ihn und verwöhnt ihn nach Strich und Faden. Alle Geschwister sind auf diese Bevorzugung eifersüchtig, sie necken ihn andauernd und nach Kräften, traktieren ihn insbesondere wegen seiner Linkshändigkeit. Zudem ärgert sich der bereits ältere Vater darüber, dass Markus seinen leiblichen älteren Kindern gegenüber so vorgezogen wird – und lässt strenge Autorität walten.

Insgesamt also ein Wechselbad an Entmutigung und Kampf – unter diesen Umständen hat sich Markus zu einem launischen, ja herrischen Wesen entwickelt. Einerseits war er ständiger Mittelpunkt des Familienlebens, andererseits wurde ihm seine Kleinheit auch ständig unter die Nase gerieben. Er muss erlebt haben, dass man Probleme ›lösen‹ kann, indem man lautes Trara macht.

Das Problem für den Lehrer: Er darf Markus' Versuchen, Ermäßigung zu bekommen, nicht nachgeben, kann ihn aber auch kaum zu etwas zwingen. Und es ist heikel, ihm besonders viel Aufmerksamkeit zu schenken, ihn also in den Augen der anderen vorzuziehen – zumal dies ja auch Teil seines familiären Unglücksmusters ist. Es stellt sich also die Frage, wie er die Arbeit mit Markus möglichst gut in das Arbeiten mit der Klasse einbetten, ja diese daran beteiligen kann.

Die Strategie des Lehrers besteht im Wesentlichen in zwei Schritten. Zunächst versucht er, eine möglichst gute persönliche Beziehung zu Markus aufzubauen – was bei Kindern, die zu Hause ›Mittelpünktchen‹ waren, gut gelingen kann, wenn man sie nicht gleichzeitig schon zu sehr belastet. Das Hauptstück der Arbeit aber besteht darin, den Lehrstoff für dieses Kind in solche Teilportionen zu zerlegen, dass es sie bewältigen kann – damit Erfolge möglich werden, sein Selbstgefühl durch echtes Tun gestärkt wird. Aber der Junge ist natürlich gewohnt auszuweichen, er macht großes Theater und verweigert die geforderte Bemühung. Damit darf er jetzt aber keinen Erfolg haben. So muss er zur Not auch nach Schulschluss noch dableiben, muss etwa unleserlich Geschriebenes noch einmal schreiben.

Im Laufe der Monate wird Markus kein völlig anderer Mensch. Aber seine Leistungen nähern sich dem Klassendurchschnitt an, er benimmt sich rücksichtsvoller, wird wesentlich leiser. Sein gewohntes Abwehrregister ist keineswegs plötzlich verschwunden, er setzt es einfach nur noch selten oder abgeschwächt ein. Er zerknüllt auch jetzt noch ab und zu ein Arbeitsblatt – aber mittlerweile leise, dann glättet er es und erledigt die Aufgabe. Oder er ruft vor einem Diktat »Heute mag ich nicht schreiben«, wiederholt das dann leiser, summt es schließlich als Liedchen vor sich hin – und schreibt. Oder er bringt dem Lehrer ein huddelig geschriebenes Blatt mit den Worten: »So, ich bin fertig – aber ich glaube, ich schreib's nochmal sauber.«

Im Laufe der Zeit entwickelt er sich sogar zum anerkannten Anführer der Klasse – und keineswegs in Sachen Unsinn. Seine Erstarkung übersteht selbst ein Dreivierteljahr in einem strengen Kinderheim, das zwischenzeitlich notwendig wird – und danach kommt er auch mit seinem neuen, deutlich rigoroseren Lehrer leidlich zurecht. Die gewünschte Schlosserlehre – dort wird man ja ebenfalls nicht mit Samthandschuhen angefasst – absolviert er zu allseitiger Zufriedenheit. Und als er mal einen Tag frei hat, taucht er in der Schule auf – er möchte »nochmal dabeisitzen«. Die jüngeren Schüler bewundern den Großen – und seitdem kommt Markus ab und zu in seiner Mittagpause zum Handballspiel auf den Schulhof.[5]

Verwöhnung *– erzieherische Haltung, die gekennzeichnet ist durch übertriebene Nachsicht, erdrückende Zärtlichkeiten, geringe Anforderungen, Erfüllung von Wünschen und Launen.*

Der Musterknabe

Als der Lehrer die 6. Klasse übernimmt, meint sein Vorgänger: »Auf den können Sie sich verlassen.« Hans, ein großer, kräftiger Junge wirkt bescheiden, ist freundlich. Er ist jederzeit zur Arbeit zu haben. Seine Noten: überall sehr gut. Er scheint zwar nicht sonderlich begabt, zeigt aber ungewöhnlichen Fleiß, es gibt höchstens Unsicherheiten im Schönschreiben, Zeichnen und Turnen. Er ist anständig und unbedingt zuverlässig. Ungewöhnlich ist, dass er öfter mit den Aufsässigen der Klasse zusammen ist; aber er scheint guten Einfluss auf sie zu haben, und er gilt auch nicht als Streber.

Hätte ich nur lauter solche Schüler, mag man als Lehrer denken. Dabei würde man aber übersehen, dass Hans für

5 Genauer in: Simon 1951/2015. Link zur *full story*: docplayer.org/61202686-Alfons-simon-verstehen-und-helfen.html (9. 2. 2023).

einen Jungen seines Alters eigentlich zu ernst ans Werk geht, dass solcher Perfektionismus durchaus Fragen aufwerfen könnte, dass Hans anscheinend eine innere Last, ein Risiko mit sich herumträgt, das zumindest seine Lebensfreude trübt, sich gar zu einer regelrechten Entwicklungsblockade auswachsen kann. Tatsächlich stellt sich später heraus, dass der Junge einer der »Fünf Räuber von München-Süd« war, die sich die Zeit nach dem Unterricht durch Vandalismus auf Bauplätzen oder Diebstähle bei Lieferanten vertrieben. Und Hans wird erzählen, dass er bei diesen Unternehmungen immer furchtbare Angst hatte, die Sache könne auffliegen. Diese Sorge hatte natürlich auch sein Lernen für die Schule ständig überschattet.

Der Lehrer erfährt auch, dass Hans noch einen jüngeren Bruder besaß. Dieser war viel lebendiger und im Praktischen geschickter als er, getraute sich auch mal frech zu sein, und gute Noten erzielte er ohne einen Handschlag. Die Familie hatte natürlich ihre Freude an diesem Fritz, und man kann sich gut vorstellen, dass Hans sich immer wieder übersehen, zurückgesetzt, benachteiligt sah – »dabei bin ich doch der Ältere, Größere, Stärkere, Gescheitere«. Aber Hans hatte eine ›Lösung‹ gefunden: Er würde allem Praktischen möglichst aus dem Weg gehen. Und er würde peinlich gewissenhaft, übertrieben genau werden, wenn es Aufgaben zu erledigen galt. Diese Haltung passt ganz gut zu den Anforderungen der Schule – und deshalb fiel Hans' innere Not auch nur Geschulten auf: sein ständiges Auf-der-Lauer-Liegen, seine dauernde Angst, er könne es dem Lehrer oder den Kameraden nicht recht machen, sein tiefer Wunsch nach Zugehörigkeit und Anerkennung.

Hans, das ist kein Schüler, bei dem man von innerer Verlogenheit sprechen könnte. Er trägt vielmehr eine große Beklommenheit mit sich herum. Deshalb wäre ihm auch nicht mit oberflächlich gutem Zureden geholfen. Hans brauchte eine Lehrperson, die einerseits seinen Zwiespalt versteht, die sich vorstellen kann, wie stets gefährdet dem Jungen Geltung und Akzeptanz erscheinen. Andererseits musste sie ihn gerade bei Schwächen oder Missgeschicken spüren lassen, dass das kein Problem ist, dass man sich Fehler durchaus leisten kann, dass man das Leben ruhig etwas lockerer nehmen kann. All dies musste der Pädagoge Hans immer mal wieder beiläufig signalisieren, indirekt einfließen lassen – in gelegentlichen, wie zufälligen Unterredungen, aber auch im Rahmen übertragener kleiner Verantwortlichkeiten.[6]

Finalität *– innere, meist unbewusste Zielsetzung eines Menschen, von ihm schöpferisch gebildet im Verlauf der ersten Lebensjahre, zwecks Sicherung eines positiven Selbstgefühls.*

Ein Schulschwänzer

Karl ist bereits vierzehn, aber er hat noch nicht einmal in der Hilfsschule[7] Erfolg. Nach über sieben Schuljahren kann er kaum lesen, seine Noten sind zumeist schlecht, regelmäßig schwänzt er die Schule, nun soll er in eine Fürsorgeeinrichtung überwiesen werden.

6 Genauer in: Simon 1951/2015. Link zur *full story*: docplayer.org/61202686-Alfons-simon-verstehen-und-helfen.html (9. 2. 2023).

7 Vorläufer heutiger Förderschulen.

Als der schulpsychologische Berater – um eine letzte Einschätzung gebeten – die Familie aufsucht, trifft er sie am Stadtrand an, in ärmlicher Holzhütte wohnend, die jüngeren Kinder wirken gleichwohl gepflegt. Der arbeitslose Vater erweist sich als ruhiger kluger Mann, die Mutter als gutmütig, aber abgearbeitet. Eine Familie mit sieben Kindern leidlich durchzubringen ist ja nicht nur eine Kunst, sondern auch ordentlich Strapaze.

Karl ist der Mittlere in der Kinderschar, ein kräftiger und scheuer Junge, er kann erstaunlich schnell rechnen und gut erzählen; im Haushalt ist er sehr hilfsbereit und kümmert sich rührend um seine Geschwister. Eingeschult in einem Bergdorf in Graubünden (sprachliches Sondergebiet: rätoromanisch), verstand er nach dem baldigen Umzug in die bayrische Großstadt München lange fast nichts. Das brachte ihm natürlich in der Schule täglich Misserfolge ein. Auch der Wechsel zur Hilfsschule nach zwei Jahren half nicht, sondern verstärkte sein Unterlegenheitsgefühl noch; so galt er zunehmend als unbegabt, ja wurde als debil angesehen. Offenbar hatte der Junge nun aus dieser Not eine Tugend gemacht: ›Unfähigkeit‹ war jetzt förmlich sein Markenzeichen geworden, mit diesem Etikett wappnete er sich einfach gegen weitere Anforderungen, Angriffe und Niederlagen. Rowdytum und Schulabsentismus waren für ihn zur naheliegenden Kompensation geworden.

In einem längeren Gespräch eröffnet der Berater Karl, welch positiven Eindruck er von dessen Familie gewonnen habe – und dass auch bei ihm in Sachen Lernen noch genügend Zeit sei, das Ruder herumzuwerfen. Er bietet ihm an, nach dem täglichen Schultag die Lernlücken mit ihm aufzuholen. Wegen seiner langen Apathie und der zeitweisen

Verweigerung gegenüber schulischen Dingen könne dies aber nur mit hohem eigenem Einsatz und in vollständiger Freiwilligkeit gelingen – in der ersten Zeit werde ihm das womöglich sehr schwerfallen.

Karl erscheint nun tatsächlich täglich aus freien Stücken, bei Wind und Wetter, ohne jede Erinnerung; er beginnt von Grund auf das Lesen zu erlernen, erledigt auch zusätzliche Hausübungen, selbst in den Schulferien. Beim gemeinsamen Lernen baut der Lehrer ab und zu Pausen ein, in denen die beiden sich unbefangen unterhalten; bei dieser Gelegenheit streut der Lehrer immer wieder Bemerkungen ein, die Karl erklären sollen, wie sich sein bisheriges Scheitern entwickelt habe, deutet es dem Jungen quasi als großes Missverständnis – von seiner wie von schulischer Seite. Das Schwänzen wird dabei nie erwähnt – weil es eben nur ein Symptom war, eine eigentlich clevere Selbsterlösung aus innerer Not.

Nach 9 Wochen kann Karl fließend lesen, er erwirbt einen ordentlichen Abschluss, kann die ersehnte Lehrstelle bei einem Installateur beginnen und hat sich dort bewährt.[8]

***Minderwertigkeitsgefühl** – Empfinden eigener Unzulänglichkeit, in der Phase kindlicher Charakterausbildung der zentrale Antrieb zu Entwicklung und Überwindung (Geltung) oder aber zu neurotischen Scheinlösungen (Störung).*

8 Genauer in: Simon 1951/2015. Link zur *full story*: docplayer.org/61202686-Alfons-simon-verstehen-und-helfen.html (9. 2. 2023).

2 Zwischenbilanz – die individualpsychologische Perspektive

Sieben Fallgeschichten haben wir jetzt in geraffter Form gesichtet – zwar schon etwas älter, aber dafür gut dokumentiert (ausführliche Fassung in der angegebenen Originalliteratur). Sechs Jungen und ein Mädchen, die auffielen, die irgendwie störten, die besondere Unterstützung brauchten, die dank kundiger Hilfe ihrer Lehrer die Kurve kriegten. Was hat diese Bildungswenden ausgemacht, was ließe sich daraus für heutige ›schwierige‹ Schüler lernen? Führen wir sie uns, nach Alter geordnet, nochmals vor Augen.

Helga, 7, ist ein Mädchen, das von seiner Mutter so stark abgelehnt wird, dass es jede schulische Anforderung, auch jeden menschlichen Kontakt in der Schule als Totalangriff erlebt und dadurch in völligen Aufruhr gerät – oder gar ausreißt. Die Lehrerin erfasst die trostlose familiäre Lage schnell, sie schließt das Kind spontan in ihr Herz und versucht, es ganz vorsichtig mit sich und den Mitschülern zu befreunden. Das gelingt ihr zu großen Stücken, Helga kommt später auch mit einem strengeren Lehrer aus – und sie erträgt sogar Heimaufenthalte, die wegen der misslichen häuslichen Umstände nötig werden.

Fritzl, 9, ist ganz anders; er verbringt die Schultage teilnahmslos allein in der letzten Bank, gilt als schwachsinnig. Der Lehrer aber gibt sich nicht damit zufrieden, dass der Junge nicht stört; ihn lässt der Gedanke nicht los, dass mehr in dem Jungen stecken könnte. Es gelingt ihm, ihn mit viel feiner Ermutigung aus seiner Apathie herauszulocken, ihn in die Klassengemeinschaft hineinzuführen, ihm erste

Lernschritte abzuringen, seiner Mutter eine positivere Sicht auf ihr Kind nahezulegen.

Markus, ebenfalls 9, gebärdet sich dagegen permanent als kleiner Plager, als launischer Herrenmensch. Sein Lehrer indes verspürt hinter dieser wilden Fassade eine Hilflosigkeit, die sich bei näherer Betrachtung als Entmutigung im Lernen erweist. Deshalb legt er sich nicht mit dem Jungen an, sondern baut zunächst eine haltgebende Beziehung zu ihm auf, erst dann konfrontiert er ihn mit Lernarbeit – in bewältigbaren Portionen. Und zunehmend besteht er auch darauf, dass Markus sich durch Schwierigkeiten durchbeißt.

Bei Max, 12, sieht es ähnlich aus – und ist doch anders. Überall stiftet der Bursche Unruhe und Streit, stört die Mitschüler beim Lernen, vergreift sich gar an Kleinkindern. Der Lehrer verfällt nur kurz dem Irrtum, man könne das Problem mit Kampf und Strafen lösen. Er findet vielmehr heraus, dass Max sich aufgrund familiärer Erlebnisse völlig ungeliebt fühlen muss. Er verschont den Jungen zunächst mit schulischen Anforderungen, gewinnt ihn stattdessen als kleinen Helfer. Sodann gibt er ihm nebenbei individuelle Nachhilfe – vor allem, um sein Vertrauen zu gewinnen. In diese Unterstützung bezieht er zunehmend auch die Klasse ein – sowie die Mutter, der er mehr Zuneigung und Verständnis für ihren Sohn abringen kann.

Auch Hans ist 12 – aber er scheint gar keine Probleme zu haben, präsentiert sich geradezu als Musterschüler. Dem Lehrer jedoch fällt auf, dass der Junge eigentlich zu ernst ist, dass er sich Erwachsenen wie Gleichaltrigen auffallend unterordnet, es ihnen recht machen will – beim überpünktlichen Kirchgang wie beim Mitmachen in einer Bande. Der

Lehrer verurteilt ihn nicht, sondern lässt es immer wieder zu kleinen Gesprächen kommen, in denen er ihm eine positivere Sicht vom Fehlermachen nahebringen kann.

Ein anderes ruhiges Problemkind ist Leopold, 13. Er ist brav und wirkt verträumt, fällt aber durch kleinere Diebstähle auf – und klaut zu Hause wie ein Rabe. Für seinen Lehrer ist klar: Da ist einer in eine seelische Verstrickung geraten – und vielleicht kann ich als Pädagoge daran etwas ändern. Er findet heraus, dass Leopold seine frühkindliche Entthronung innerlich als Benachteiligung verbucht hat – und sich nun quasi permanent an jedermann rächt. Es gelingt, den Jungen mit seinen Mitschülern zu befreunden – und in ihm eine Art Ehrenkodex für faires Verhalten aufzubauen.

Schließlich ist da noch Karl, der mit 14 immer noch nicht lesen kann und regelmäßig die Schule schwänzt. Sein neuer Lehrer jedoch schreibt ihn nicht ab oder rückt ihm mit Sanktionen zu Leibe, sondern forscht nach – und entdeckt eine riesige Diskrepanz zwischen dem schulischen Bild und dem sonstigen Wesen des Jungen. Es gelingt ihm, Karl zu freiwilligen zusätzlichen Lernstunden zu gewinnen, das Schwänzen – es war nur ein Symptom – hört auf, der Junge kann eine Ausbildung beginnen.

So unterschiedlich die sieben Geschichten auch sind – die skizzierten Auswege haben doch Gemeinsamkeiten: Die Lehrer haben das problematische Verhalten der Schüler nicht als Störung gesehen, diese womöglich bekämpft und dadurch sich und den Schüler in einen unheilvollen Teufelskreis verstrickt. Sie haben das Problem vielmehr als Symptom angesehen, als Ausdruck einer tieferliegenden seelischen Not. Sie haben gespürt oder verstanden, dass das

Kind sich mit seinem Verhalten eine innere Sicherung verschafft, dass sein Auftreten einen subjektiven Sinn hat (Analyse). Als ungemein hilfreich erwies es sich dabei, wenn die Lehrer die familiäre Vorgeschichte des Kindes erkundeten. Je klarer sie nämlich seinen jeweiligen Lebensstil erfassten, umso zielsicherer konnten sie ihm dabei helfen, seine Energien umzulenken (Intervention) – indem sie feinfühlig seine Stärken aufgriffen und es bei ungewohnten Schritten ermutigend begleiteten. Hierbei spielte eine wichtige Rolle: die Bindung an den Lehrer, das Einbeziehen der Klasse, eine Mitwirkung der Eltern.

Ob also auffälliges Verhalten oder besondere Lernprobleme: Die Schüler wurden nicht mit einer pauschalen Etikettierung versehen – und so womöglich anhaltend pathologisiert. Die Lehrperson sah es vielmehr als ihre Aufgabe an, einen subjektiven Sinn des kindlichen Verhaltens zu entdecken; sodann hat sie besondere Fähigkeiten des Kindes gesucht und an diesen angesetzt – und sie hat es dabei begleitet, neue Wege zu gehen, sich konstruktives Verhalten anzugewöhnen.

Die folgenden Beispiele aus heutiger Zeit mögen illustrieren, wie dieser individualpsychologische Ansatz auch im heutigen Schulalltag hilfreich sein kann. Und dass es dazu nicht aufwändiger Mehrarbeit bedarf, sondern vor allem eine sachgemäße Sichtweise kindlicher Entwicklung braucht – quasi die ›richtige pädagogische Brille‹.

3 *Sieben Klippen*

Er stört nicht, sondern ist unglücklich

Lehrerin M. berichtet: Justus, 5. Klasse Hauptschule, ist ein gepflegter und eifrig mitarbeitender Junge, der sich anspruchsvoll ausdrückt. Aber er wirkt auch angespannt und nervös, seine schriftlichen Leistungen sind weit unterdurchschnittlich, da scheint mir irgendetwas nicht zu passen.

Als ich bei einer günstigen Gelegenheit einen seiner mündlichen Beiträge positiv kommentiere und mich dann erkundige, warum denn die Noten der Klassenarbeiten so ganz anders seien, meint er ganz spontan und überzeugt: »Ja wissen Sie, meine Gehirnhälften passen nicht zusammen!« Ich bin überrascht, frage nach kurzem Überlegen zurück: »Ist das denn nur bei Tests der Fall?« – nun ist die Überraschung auf seiner Seite. Jetzt könnte ich etwas über Neuromythen erzählen, könnte sagen, dass Wissenschaftler herausgefunden hätten, dass viele gängige Auffassungen von der Arbeitsweise der Gehirnhälften gar nicht stimmten. Aber dann würde ich ja seine Selbsterklärung infrage stellen, die ihm die Lage anscheinend erträglich macht. Ich versuche es deshalb so: »Ich habe letztens erfahren, dass man etwas dafür tun kann, dass die Gehirnhälften besser miteinander klarkommen – hast du Lust, das zu probieren?«

Aber das ist natürlich nur ein Anstoß – ich muss unbedingt genauer rauskriegen, warum Justus sich beim Lernen so schwertut. Ich finde heraus, dass er zu Hause keine einfache Situation hat, beziehungsmäßig betrachtet: Er ist das mittlere Kind zwischen zwei Schwestern – vor sich hat er also jemanden, der meist alles besser kann als er selbst; nach ihm kommt ein Mädchen, das ihn als Nesthäkchen entthront hat, sie soll wie die große Schwester künftig ins Gymnasium gehen. Nicht selten arrangieren sich Kinder in einer solchen Sandwich-Position mit einer bescheidenen Rolle. Und wenn sie dafür eine externe Erklärung heranziehen können, ist das entlastend und stabilisierend zugleich.

Ich versuche, ihn der Klasse gegenüber zugänglicher zu machen, sein Selbstbild zu stärken und sein Mitgefühl für andere zu weiten. Wenn die Schüler zu zweit oder in Gruppen arbeiten, sorge ich dafür, dass ihm deutlicher wird, was er selbst zum Ganzen beigetragen hat. Er soll sich mehr und mehr als Teil einer Gemeinschaft sehen können, in der jeder wichtig ist und man sich gegenseitig unterstützt. Positive Erlebnisse in der Klasse sowie Aufgaben mit konkreten und verlässlichen Hilfestellungen bescheren ihm zunehmend auch bei schriftlichen Arbeiten Erfolge. Im Laufe der Klasse 5 zeigt sich ansatzweise eine Normalisierung seiner Leistungen, in der 6. Klasse verbessern sie sich weiter.

Meine Idee, ihn nach Klasse 6 zur Realschule zu empfehlen, wird von der Mutter, welche ursprünglich den Besuch der Hauptschule unerträglich fand, zunächst kritisch gesehen. Anscheinend hat sie sich mit dem Verdikt ›Minderleister‹ abgefunden – ihr reicht, dass er zumindest nicht ungern in die Schule geht. Sie sorgt sich, ihr Sohn könnte unter »raueren Bedingungen in der Realschule« wieder durch Nervosität und Versagensängste den Familienfrieden stören. Meine anhaltende Ermutigung wie auch stärkere Forderungen an Justus tragen aber Früchte: Er wagt den Schritt, fasst dann tatsächlich Fuß in der Realschule – und entwickelt sich dort sozial wie leistungsmäßig gut weiter.

Intelligenz *– kognitive Leistungsfähigkeit, ist Ausdruck der bis anhin erworbenen Dichte und Stärke des neuronalen Netzwerks; sie behält bis ins Erwachsenenalter hinein eine gewisse Plastizität, bleibt also modifizierbar; es gibt somit keine sich endgültig schließenden Zeitfenster für schulisches Lernen (dynamischer Begabungsbegriff).*

Der Prinz

Ein Bericht, ebenfalls von Lehrerin M.: Mein erster Tag in dieser dritten Klasse. Als Erstes steht Kirchgang an, die Kinder stellen sich auf, ein Junge tanzt als Einziger dauernd aus der Reihe. So geht es auch nachher im Unterricht weiter. Man kann Azar ermahnen, dann setzt er ein bezauberndes Lächeln auf, hält kurz inne – und setzt seine Spielchen anschließend fort.

Bald steht das erste Diktat an. Die Kinder haben gründlich geübt, allein und miteinander, Azar war allerdings hauptsächlich mit Faxen beschäftigt. Als vertrauensbildenden Einstieg verwende ich einen bekannten Text. Erwartungsgemäß machen die meisten Kinder denn auch kaum Fehler, lediglich Azars Leistung fällt ungenügend aus. Er ist völlig überrascht.

Er scheint gedacht zu haben, das Lernen klappe wohl schon von alleine. Vermutlich hat sein Leben in der Familie bisher auch wie von selbst funktioniert, musste er sich doch nie um etwas bemühen. Wahrscheinlich reichte zu Hause ein bezauberndes Lächeln aus, um Bedürfnisse erfüllt zu bekommen, sei es das nach Zuwendung, sei es das nach Erleichterung.

Nach der Stunde nehme ich ihn noch zur Seite – nicht zur Ermahnung, sondern quasi zum Plaudern. Nein, zufrieden sei er nicht. Ob er sich denn vorstellen könne, wie die anderen ihre Erfolge hingekriegt hätten? Ob er sich vielleicht mal bei einigen nach ihren Tricks erkundigen wolle? Wie er es denn nun im Weiteren halten wolle?

Aber ich will mehr wissen – und erkunde derweil ein wenig Azars familiäre Situation. Azar ist das jüngste von mehreren Kindern, alle anderen sind Mädchen, die bereits das Gymnasium besuchen oder gar abgeschlossen haben. Klassischer Fall, denke ich: sicher ein verwöhntes Nesthäkchen, der Sonnenschein seiner Mutter, sie räumt ihm gerne alle möglichen Schwierigkeiten aus dem Weg, verwöhnt ihn nach Strich und Faden, er soll es einmal besser haben. Um ihn herum aber lauter ältere Mädchen, lebendig, strebsam, können immer schon alles besser als er – das spornt nicht unbedingt an, entmutigt in der Regel eher. Und dann ist Azar noch Junge – auf solch einem Einzigen lasten bestimmt hohe Ansprüche und Erwartungen. Eigentlich eine clevere Lösung, dass Azar sich aufs Lächeln verlegt hat – statt aufs Anpacken.

Mir ist klar, dass Azar schulisch völlig scheitern wird, wenn ich ihm nicht in kleinen Schritten – und von Grund auf – beibringe, wie Lernen funktioniert. Er darf jetzt täglich mit mir 5 Minuten arbeiten, nach dem Unterricht oder am Rand einer großen Pause. Mit der Zeit rate ich ihm, auch mal eine seiner Schwestern zu bitten, dass sie ihm etwas nachsehen oder helfen möge – auf die Idee war er bislang noch nie gekommen. Ganz allmählich kann er sich auf erste Lernschritte einstellen, erzielt kleine Erfolge, erreicht allmählich den Mindeststandard.

Nach 2 Jahren stellt sich die Frage der weiterführenden Schule, aber natürlich sind noch keine Wunder passiert – allen ist klar, dass er sowohl an der Haupt- wie an der Realschule zu den Schwächsten zählen wird. Um die Anforderung aber hochzuhalten, empfehle ich ihn für die anspruchsvollere Schule. Tatsächlich bleibt er über Jahre der leistungsschwächste Schüler seiner Klasse, kann sich aber bei jeder Versetzung so gerade halten – schließlich gelingt ihm der mittlere Schulabschluss.

Herausforderung *– zentrale pädagogische Entwicklungshilfe, die kindliches (bisweilen verschüttetes) Entwicklungsstreben aufgreift; umfasst Zumutung, Zutrauen sowie Zuwendung seitens der Lehrkraft.*

Der Unruheherd

Lehrerin A.: Mein Erstklässler Nihat hat ganz unterschiedliche Seiten. Mir gegenüber benimmt er sich respektvoll und ist sehr hilfsbereit, in der Klasse aber ist er ein permanenter Unruheherd: Er spaziert herum, wann und wie es ihm passt, er stupst einen Mitschüler hier, verteilt Kopfnüsse da, beliebt macht ihn das nicht. Wenn ich ihn ermahne, merke ich, dass ihm das etwas ausmacht – sein Verhalten ändert sich danach aber nicht. Seine Leistungen sind mittelmäßig, beim Schreiben und in Grammatik indes zeigt er größere Schwächen, kann sich schlecht konzentrieren, wirft angefangene Arbeiten schnell hin.

In Gesprächen mit den eher bildungsfernen Eltern fällt mir auf, dass diese Nihats problematisches Verhalten immer wieder schmunzelnd herunterspielen – »och, der meint das nicht so« oder »das können wir uns aber bei ihm gar nicht vorstellen« –, sie scheinen ihren Ältesten uneingeschränkt zu bewundern. Neben Nihat haben sie noch einen drei Jahre jüngeren Sohn – auch wohl ein unruhiges Kerlchen. Nihats Kontaktprobleme in der Klasse bringen sie zunächst nicht mit seinem Benehmen in Verbindung, sondern machen sie eher den anderen Kindern zum Vorwurf. Im Hinblick auf Konsequenzen sind sie ebenso zurückhaltend wie ambivalent: Die Mutter lacht vieles weg, der Vater kann auch mal laut werden.

Mir scheint, dass Nihat sehr unsicher sein muss, ob er sich in der neuen Bezugsgruppe ›Schulklasse‹ angenommen und aufgehoben fühlen kann, ob die anderen wohl mit ihm zu tun haben wollen. Dass er vielleicht auch eifersüchtig auf Mitschüler mit besseren Leistungen ist – und dass er diese Unsicherheit mittels jungenhafter Attacken zu überspielen sucht. Dass er sie vielleicht – wenn auch mit ungünstigen Mitteln – unbewusst auf sich aufmerksam machen, womöglich auch ihre Lernarbeit behindern oder ihren Zusammenhalt aufbrechen will.

Ich fasse deshalb den Plan, Nihat dabei zu helfen, sich sicherer in der Lerngemeinschaft zu fühlen. Ich inszeniere immer wieder kleine Gespräche mit ihm, in denen ich klarzumachen versuche, dass er zwar ein liebenswerter Kerl sei; seine Art der Kontaktaufnahme und seine Störungen stießen jedoch wohl nicht auf Gegenliebe, sondern schienen sogar das Gegenteil zu bewirken – nämlich, dass man genervt von ihm sei und nicht mit ihm spielen möge. Die Eltern kann ich dafür gewinnen, dass sie öfter mal mit Nihat über Schulisches reden und dabei auch Regeln und Verstöße deutlicher benennen und Konsequenzen beschreiben. Bei der ›Nacherziehung‹ des Jungen beziehe ich auch seine Klasse mit ein. Dort gibt es nämlich eine ganze Reihe bereits gefestigter, kooperativer Charaktere, die sich für den Gedanken gewinnen lassen, dass man Nihats oft unglückliches Verhalten als Interesse deuten, ihn auch mal von sich aus einladen kann.

Nihat bekommt jetzt also individuelle Aufmerksamkeit und Ermutigung, erlebt aber auch Orientierung gebende Leitplanken. Er macht immer wieder die Erfahrung: »Miteinander ist eigentlich schöner als gegeneinander« – und nach etwa einem Jahr haben sich Lern- und Sozialverhalten stabilisiert.

Als die Klassenleitung wechselt, zeigt sich indes, dass das neue Eis noch recht dünn ist. Mit der expliziten Ankündigung »Wenn du nicht mehr unser Chef bist, mach ich hier gar nichts mehr – gar nichts!« verfällt er wieder in Unruhe und Störverhalten. Ein offensichtlicher Protest gegen den Wegfall vertraut gewordener Beziehungs- und Orientierungssicherheit. In einer Pause suche ich ihn nochmals auf, versuche ich ihn zu ermuntern – er sei jetzt kein Anfänger mehr, solches Benehmen passe eigentlich gar nicht mehr zu ihm und seiner Entwicklung. Erst hat er ein wenig gemault, dann sich hin und wieder auf mehr Kontakt zu meiner Nachfolgerin eingelassen. Aber so, wie es vor dem Lehrerwechsel war, ist es das ganze letzte Schuljahr nicht mehr geworden.

Anscheinend hatte meine Zeit mit Nihat nicht ausgereicht, sein altes Muster, seine alte Unsicherheit genügend abzuschwächen. Er brauchte auch weiterhin eine ganz bestimmte Art pädagogischer Führung, um sich auf Neues einzulassen – eine Kollegin nannte das einmal ›herzliche Strenge‹. Heute besucht er eine Realschule, wo er – so die Eltern – nach anfänglichen Startschwierigkeiten gut zurechtkommt. Auf die Frage, welcher Art die Anfangsprobleme waren, lächelten die Eltern – sie glichen denen zu Beginn der Grundschule. Das erneute Einfinden in eine stofflich wie sozial neue schulische Situation sei ihm wieder recht schwergefallen.

Schulklasse – *weitaus mehr als eine organisatorische Einheit: aus pädagogischer Sicht eine geleitete Arbeits- und Entwicklungsgemeinschaft; sie offenbart bei jedem Mitglied den Stand seiner Kooperationsfähigkeit und kann zu deren Entfaltung beitragen.*

Wenn Mathe wütend macht

Lehrerin E. erzählt: Ich lerne Sera nach dem Wechsel von der Grundschule zur Hauptschule in Klasse 5 kennen. Sie hat ausgewiesenen Förderbedarf im Bereich Lernen, deshalb bin ich als Lehrerin für Sonderpädagogik im Gemeinsamen Lernen für sie zuständig.

Sera ist entwicklungsverzögert in nahezu allen Bereichen schulischen Lernens, auch im Verhalten nicht unauffällig. Sie kann zwar im Zahlenraum bis 100 addieren, macht aber bei Zehnerüberschreitung oft Fehler, vermag Einer und Zehner nicht zu unterscheiden. Übungen dazu sind nicht nachhaltig: Sie vergisst alles wieder und wir müssen von vorne beginnen.

Bei Aufgaben zum kleinen Einmaleins verweigert sich Sera, beginnt zu schimpfen, legt den Kopf auf den Tisch oder versucht mich davon zu überzeugen, dass das zu schwer für sie sei. Wie aus der Grundschule gewohnt, schlägt sie mir »leichtere« Aufgaben aus ihrem Arbeitsheft vor, sucht im Buch nach geeigneten Alternativen.

Obwohl sie kaum einen einfachen deutschen Satz fehlerfrei sprechen und schreiben kann, ist ihr Widerstand gegen Lernschritte im Sprachlichen viel geringer. Warum ist ihre Entmutigung gerade im mathematischen Bereich so stark, ihre Abneigung gegen Zahlen so besonders heftig? Wo gibt es Stärken, an denen ich ansetzen könnte?

Sportlich sticht sie leistungsmäßig hervor. Sie zeigt außergewöhnlich gute koordinative Fähigkeiten, ist bewegungsfreudig und geschickt mit dem Ball, hat eine schnelle Auffassungsgabe für Spielregeln und deren Umsetzung, behält den Überblick über das Spielgeschehen und kann den Spielstand exakt mitverfolgen. Trotz der sprachlichen Schwächen redet sie viel, teilt sich gerne mit, hat gute Ideen bei der Lösung sozialer Probleme im Klassenverband und keinerlei Scheu im sozialen Kontakt.

Schon bald fällt mir auf, dass Sera es vermeidet, von ihrer großen Schwester zu sprechen, dass sich ihr Gesicht verfinstert, wenn jemand erwähnt, dass diese auch auf unsere Schule geht. Auf Nachfragen reagiert sie abweisend, gibt an, die Ältere zu hassen, auch von ihrer Mutter spricht sie nicht positiv.

Von meinen Kollegen erfahre ich, dass diese Schwester (Klasse 9) eine sehr gute Schülerin ist – vor allem in Mathematik – und Abitur machen wolle. Es stellt sich auch heraus, dass in Seras Familie – modern eingestellte, aber bildungsferne muslimische Einwanderer aus der Türkei – ein hoher Bildungsgrad auch für Mädchen als erstrebenswert gilt. Auch Seras nächstjüngere Schwester zeigt gute schulische Leistungen, das vierte und jüngste Kind erweist sich als geistig behindert – Sera sagte von ihr, sie sei etwas Besonderes.

In der Grundschule hat man Sera schon früh auf sonderpädagogischen Förderbedarf untersucht – und ihr Wahrnehmungs-, Konzentrations- sowie emotionale Auffälligkeiten attestiert. Nur in einem war Sera immer schon spitze: Niemand aus ihrer Familie war so sportlich wie sie. Die sehr junge Mutter ist Hausfrau, der frühinvalide Vater kümmert sich viel um seine Kinder, ist durchaus verwöhnend, aber auch – mit großem Herzen – fordernd. »Du schaffst das, Sera. Ich weiß das. Und wenn nicht, liebe ich dich genauso wie zuvor. Lerne!«

Ich gewinne den Eindruck, dass Sera in ihrer aufstiegsorientierten Familie bereits als Kleinkind irgendwie mutlos geworden sein muss – und mittlerweile über ihr eigenes Nicht-Können tief gekränkt ist. Vielleicht hatte sie nach der Geburt ihrer nächstjüngeren Schwester den Eindruck, zu wenig elterliche Aufmerksamkeit und Unterstützung zu bekommen. Oder die vier Jahre ältere Schwester hat sie schon früh derart beeindruckt, dass sie selbst sich immer als die Unfähigere erlebte. Jetzt ist sie zehn und hat in kognitiver Hinsicht weitgehend aufgegeben, ihr schlechtes Selbstbild scheint betoniert. Aber vielleicht ließe sich das doch auflockern?

Nach einer »schwierigen Mathestunde« behalte ich Sera

in der Pause allein bei mir – ich wolle ihr etwas erzählen. Sie habe ja eine große Schwester, und diese Geschwistersituation sei komischerweise genau wie bei mir. Auch meine ältere Schwester sei immer eine sehr gute Schülerin gewesen, während ich lieber spielen ging, sportlich war und keine so guten Noten vorweisen konnte. Was denn ihre Eltern dazu sagen?

Bald schon kommen ihr die Tränen und sie berichtet, dass ihre Mutter die große Schwester immer lobe, bevorzuge und sie ihr als lobenswertes Beispiel »vor die Nase« halte. Vorsichtig bringe ich zum Ausdruck, dass ich es gut verstehen könne, wie sehr sie das schmerze. Es sei aber ganz wichtig, dass sie mir davon erzählt habe – jetzt könne ich ihr nämlich beim Lernen viel besser helfen.

Dieses Schlüsselgespräch greife ich nun in allerlei Facetten beim Lernen mit Sera auf: Wenn Sera sich ärgert oder schimpft, schlage ich etwa eine humorvolle Verbindung zur geschwisterlichen Konkurrenz: »Vielleicht ärgerst du dich jetzt eigentlich über deine Schwester, aber das hilft jetzt nicht bei dieser Aufgabe.« Vor einem neuen Lernschritt nehme ich die zu erwartende Entmutigung und Verweigerung einfach schmunzelnd vorweg: »Gleich könntest du wieder befürchten, dass das eine Aufgabe ist, die nur deine Schwester schafft, die dir deine Mutter nicht zutraut. Du wirst es aber schaffen. Das verspreche ich dir!« Bei Misserfolgen versuche ich sie immer wieder zu ermutigen: »Jetzt hat es noch nicht geklappt. Du wirst es aber genauso lernen wie deine Schwester! Komm, ich erkläre es dir noch einmal!« Oder ich zwinkere ihr nur verständnisvoll zu, lege beruhigend meine Hand auf ihre Schulter.

Im Elterngespräch versuche ich beiden Eltern die Gefühlslage ihrer Tochter nahezubringen – ohne preiszugeben, was diese mir berichtet hatte. Auch dort spreche ich nicht von Sera, sondern einem anderen Geschwisterpaar, das ich kenne. Ich bemühe mich, beiden Elternteilen deutlich zu machen, dass ihre Tochter nicht unfähig, sondern empfindsam und mutlos geworden sei. Und dass sie beide mithelfen könnten, die Tochter wieder zuversichtlich zu stimmen – auch sie könne lernen und ihren Weg gehen wie die Älteste, wenn sie beide es ihr nur zutrauen würden. Die Eltern zeigen sich dankbar und wollen ihr Bestes tun, um meine Arbeit zu unterstützen.

Nach einigen Wochen kommt mir auch die Idee, die große Schwester als Helferin einzubeziehen. Ich arrangiere wie nebenbei ein Gespräch mit ihr und komme auf Sera zu sprechen. Die große Schwester sprudelt gleich los und berichtet, wie oppositionell die Jüngere zu Hause sei und dass sie als Älteste oft an ihre Grenzen käme – deshalb gäbe es viel Streit. Ich könne mir lebhaft vorstellen, dass das nicht einfach sei – aber jetzt müsse ich ihr einmal ein kleines Geheimnis anvertrauen: Ob sie eigentlich wisse, welch großes Vorbild sie für Sera sei? Und ob sie sich vielleicht vorstellen könne, ihr ab und zu unter die Arme zu greifen? Sie habe nämlich riesige Bedeutung für die kleinere Schwester und könne vielleicht ebenso viel bewirken wie ich als Lehrerin.

Sie solle aber zunächst nur dann mit Sera lernen, wenn diese auf sie zukäme. Dabei sei vor allem wichtig, dass es eine positive gemeinsame Zeit sei, z. B. sie fünf Minuten lang etwas vorlesen lassen und ihr zuhören. Gleichzeitig suche ich nach kleinen Lerneinheiten, die sich für diese Geschwister-Lernsituation eignen, und schlage Sera vor, ihre Schwester zu fragen, ob sie Zeit habe. So lernt Sera zunächst nur fünf Englischvokabeln pro Tag, und wenn die große Schwester diese dann abfragt, hat sie Erfolg.

Um Sera ihre Fortschritte vor Augen zu führen, lasse ich sie (und die anderen Schüler der Gruppe) häufig kleine Tests schreiben, die sie schaffen kann. So gewinnt sie allmählich Zutrauen. Jeder noch so kleine Lernfortschritt wird in der Kleingruppe positiv hervorgehoben. Das stärkt nicht nur Sera, sondern auch andere Schüler, die für ihr eigenes Lernproblem Mut schöpfen.

In den Mathestunden ist die Atmosphäre jetzt zunehmend entspannt; Sera beginnt, sich auch auf Aufgaben einzulassen, die sie sich bisher nicht zutraute. So kann ich nun auch die Multiplikation einführen, ohne ihren gewohnten Widerstand. Sie fängt an, eifrig die Einmaleinsreihen zu lernen und den Zahlenraum zu sichern, verweigert sich immer seltener, wird belastbarer und zunehmend fleißig.

Es gibt auch immer wieder Einbrüche, besonders dann, wenn jemand ihr nichts zutraut, sie z. B. als Förderschülerin bezeichnet. Unter dieser Zuschreibung leidet sie sehr und kämpft dagegen an. Auf Überforderung reagiert sie weiterhin mit Verweigerung – etwa wenn (Regel-)Lehrer in ›Nebenfächern‹ es nicht schaffen, sie auf ihrem Niveau einzubeziehen und zur Geltung kommen zu lassen. Den Vergleich mit den zielgleich unterrichteten Hauptschülern erträgt sie nur schwer.

Mathematik bleibt zwar Seras Sorgenfach, aber sie vermag jetzt in diesem Bereich dazuzulernen. Sie kann sich nun vorstellen, ähnlich der Schwester voranzukommen und einen interessanten Weg zu beschreiten, und sie hat akzeptiert, dass sie dafür hart arbeiten muss.

Seras Geschichte liegt jetzt über zehn Jahre zurück. Sie

hat die Hauptschule mit dem Abschluss der Förderschule Lernen verlassen, war aber mittlerweile entschlossen, mehr aus sich zu machen und den Hauptschulabschluss zu schaffen. Inzwischen hat sie sogar die Realschule abgeschlossen und eine Ausbildung als Zahntechnikerin begonnen. Als ich sie kürzlich traf, sagte sie, dass sie diesen Weg nur durch mich und ihren Vater geschafft habe – weil wir sie nie aufgegeben hätten. Wenn man es etwas genauer nimmt: weil ich um die Bedeutung frühkindlicher Eifersuchtsdramen wusste und die Spur ›ältere Schwester‹ sehr persönlich mit ihr erörterte; auch wegen der Bereitschaft der älteren Schwester mitzuhelfen; schließlich gab es (nach einigen Jahren) einen förderlichen Freund. Hilfreich waren auch die (in diesem seltenen Fall) hervorragenden Bedingungen des Gemeinsamen Unterrichts.

> ***Gemeinsames Lernen*** *von Schülern mit und ohne besonderen Förderbedarf (Inklusion) – kann dann entwicklungsförderlich sein, wenn genügend sonderpädagogische Begleitung und Betreuung vorhanden ist.*

Er schlägt sofort zu

Lehrerin K.: Charlie, 5. Klasse, ist ein in sich gekehrter Kerl, verbirgt sein Gesicht möglichst hinter seinem Käppi. Er spricht auffallend wenig mit mir und seinen Mitschülern. Und es kommt immer wieder schnell zu tätlichen Auseinandersetzungen. Wenn ihn etwas ärgert, schlägt er zu, und zwar mit ganzer Kraft. Ich gehe dann zwar dazwischen, ordne irgendwelche Sanktionen an, aber das Problem bleibt.

Seine Gewaltausbrüche können auch seinen besten Freund treffen – wenn der ihn etwa abfahren lässt oder anderweitig herablassend behandelt. Auf Klärungsgespräche innerhalb der Klasse geht Charlie nicht ein. Obwohl er häufig als Erster einem Mitschüler weh getan hat, hat für ihn immer der andere angefangen, selbst wenn Unbeteiligte anderes sagen. Im Klassengespräch bringen die Mitschüler Charlie gegenüber zum Ausdruck, dass sie ihn mögen, aber sein Schlagen nicht wollten.

Von Kollegen höre ich, Charlie könne im Umgang mit seinen Mitschülern seine Kräfte nicht regulieren. Mag sein, denke ich, aber eine solche Sicht ist mir zu oberflächlich, erklärt ja wenig, hilft noch nicht weiter. Sein Verhalten muss Gründe haben – und für ihn irgendeinen Sinn machen. Ich bringe in Erfahrung, dass Charlie der jüngste von mehreren Kindern ist, dass in der Familie Tätlichkeiten zum Alltag gehören – und die Mutter ihren Kleinsten stets in Schutz nimmt. In Gesprächen verteidigt sie stets sein Verhalten, sieht die Schuld immer bei den anderen Schülern. Ich könnte mir vorstellen, dass Charlie als Nachzügler sich oftmals den Größeren unterlegen gefühlt und dagegen opponiert hat, dabei vielleicht auch besonderen mütterlichen Schutz erlebte. Zudem wurde ihm vielfach vorgelebt, dass man Konflikte körperlich lösen kann, und er konnte sich eine solche Haltung dank familiärer Rückendeckung anscheinend auch leisten.

Nachdem ich einen ersten Beziehungsfaden zu ihm entwickelt und positive Beiträge seinerseits auch explizit gewürdigt habe, halte ich die Zeit für gekommen, mit ihm auch ernstere Schritte zu gehen, ihn für andere Formen der Konfliktlösung zu gewinnen. Im Rahmen einer Klassenkonferenz mache ich ihm freundlich, aber auch bestimmt klar, dass ab jetzt Schluss mit Tätlichkeiten sei. Wenn er weiterhin Mitschüler angreife, müsse er leider die Schule verlassen. Gewalt sei keine Lösung. Natürlich gebe es immer mal Konflikte in einer Gruppe; wir würden ihm aber anbieten, zukünftig seine Sicht mit Worten statt mit Fäusten einzubringen.

Charlie nimmt diese Ansprache sehr ernst. Offenbar fühlt er sich in dieser Klasse und mit mir als Lehrerin bereits so wohl, dass er sie nicht verlieren will – ansonsten hätte er nämlich »Mir doch egal« gesagt. Ich beobachte im Weiteren, wie er manchmal zum Schlag ausholen will, sich dann aber besinnt – und »Gewalt ist keine Lösung« vor sich hinmurmelt.

Es fällt ihm merklich schwer, seine Meinung und seine Gefühle zu verbalisieren, da er sprachlich nicht sehr gewandt ist. Aber mit der Zeit macht er immer wieder die Erfahrung, dass wir seine Worte ernst nehmen und dass man Konflikte mit Hilfe der Mitschüler und der Lehrerin tatsächlich lösen kann.

Dabei gibt er seine bisherige Zurückhaltung immer mehr auf, wird gar ein ziemlich beliebter Mitschüler, mit viel Humor. Interessanterweise gelingt es ihm auch in Konflikten anderer zunehmend, empathisch zwischen den Kontrahenten zu vermitteln. Er sagt dann immer ganz überzeugt: »Gewalt ist keine Lösung!« Ich bin verblüfft – mein Saulus hat sich zu einem förmlichen Paulus gewandelt!

***Aggressionen** – können in Lerngemeinschaften unterschiedlichste ›Gründe‹ haben: Kräfte messen, Grenzen erkunden, eine Bedro-*

hung abwehren, Reaktion auf Frust, andere einschüchtern; entsprechend unterschiedlich müssen Lehrkräfte darauf reagieren – von ignorieren bis bestrafen.

Warum ist er nur so getrieben?

Nochmals Lehrerin K.: Der Viertklässler Jochen ist ein drahtiges Kerlchen, eigentlich noch recht kindlich, aber wahnsinnig getrieben. Keine Stunde, in der er nicht massiv stört – dauernd läuft er rum, zerknüllt diesem ein Blatt, wirft jenem eine abfällige Bemerkung zu, gerne auch mir als Lehrerin. Er macht einen verwahrlosten Eindruck, seine schulischen Leistungen sind schlecht. Wenn er sich mal auf eine Aufgabe einlassen kann, dauert es endlos: Über zwei Sätzen kann eine Stunde vergehen, ständig wird ausradiert, gekillert, zerrissen und neu angefangen. Und immer wieder bricht er aus und macht Unsinn, gelingt es ihm, die Klasse auf seine Seite zu ziehen, die Lacher für sich zu gewinnen, bewundert zu werden. Und das stört eben alle beim Lernen – und natürlich auch meine Konzentration.

Ich muss etwas unternehmen – nur was? Was sollen seine Spielchen eigentlich, frage ich mich, wozu mischt er derart vehement die Klasse auf? Aus seiner Akte und einem Elterngespräch habe ich erfahren, dass Jochen im Heim lebt, als einziges von mehreren älteren Geschwistern, ein irgendwie ausgestoßener Nachzügler. Ich beginne mir vorzustellen, wie er sich nach seinen bisherigen Eindrücken vom Leben fühlen könnte. Vielleicht so: Bei Schulaufgaben darf ich auf keinen Fall Fehler machen, sonst sehe ich blöd aus. Aber die anderen können immer alles besser, die kommen zur Geltung, keiner mag mich, keiner beachtet mich. Außer wenn ich den Antihelden spiele; wenn ich mich mehr traue als die Mitschüler, die nur brav ihre Aufgaben machen, wenn ich Unruhe stifte; dann bin ich sogar stärker als meine Lehrerin – toll!

Irgendwann habe ich die Idee, Jochen mal zu überraschen. Ich sage: »Könntest du vielleicht diese Aufgabe mal dem Peter hier vorne erklären? Dem fällt die etwas schwerer, aber du hast sie wohl ganz gut verstanden.« Jochen stutzt, murmelt »Von mir aus« – und hockt sich zu Peter. Oder ich frage ihn, ob er mir dies oder jenes mal kurz aus dem Sekretariat holen könne. Er freut sich über die Abwechslung, rast los – und kommt zügig wieder. Ich dehne das immer weiter aus, natürlich bekommen auch die Mitschüler irgendwelche Aufträge, es soll ja nicht (weder für ihn noch für die Klasse) der Eindruck einer Sonderrolle entstehen. Aber Jochen macht erste Erfahrungen darin, in einem sozialen Rahmen (Klasse) und für eine Bezugsperson (Lehrerin) mit nützlichen Aktivitäten erfolgreich zu sein.

Natürlich ist er nach dieser Begebenheit nicht sofort ein anderer Mensch, wie umgewandelt zu einem ruhigen und braven Schüler. Er muss schon immer mal wieder etwas nacharbeiten. Aber ich denke mir jetzt öfter etwas aus, wie ich positiv mit ihm in Kontakt treten kann, anstatt ihn zum x-ten Male zu ermahnen. Ich achte genau darauf, wann und wo er sich konstruktiv einbringt – und gebe ihm dann jeweils ein präzises Echo, nicht übertrieben, eher so nebenbei. Als ich einmal sage, »dein Rumwirbeln nervt uns zu sehr, geh doch mal ein Stündchen in die Parallelklasse!«, überlegt er kurz, meint dann: »Nö, ich bleib lieber hier!« –

und setzt sich ruhig an seine Arbeit. Manchmal sagt er sich jetzt auch halblaut vor: »Das darf ich jetzt nicht machen, sonst muss ich in die andere Klasse.«

Offenbar hat in ihm die Ahnung zu keimen begonnen, dass hier Menschen sind, bei denen er sich sicher fühlen und entwickeln könnte – nicht zuletzt ich als zugewandte und zugleich strenge Lehrerin. Und auch ich hatte vom Umgang mit Jochen profitiert: Ich hatte erlebt, dass ich einen ausgesprochenen Wildfang besänftigen und ans Lernen und Arbeiten bringen konnte. Dass Jochen mir später bei einem Muttertag ein Stoffäffchen schenkte, hat mich sehr gerührt – und meine Annahmen bestätigt.

Lehrer-Schüler-Beziehung *– basaler, oft unterschätzter Motivator für schulisches Lernen, bis in höhere Altersjahrgänge; physiologisch gesehen: wechselseitige Spiegelungs- und Resonanzvorgänge.*

Auf die Pauke hauen

Lehrer M. berichtet: Martin, 15, macht mich schier wahnsinnig. Er ist Gymnasiast, konzentriert seine jugendlichen Energien aber schon seit Jahren nur darauf, den Klassenclown zu spielen. Er kennt immer die neuesten Witze, hat die Lacher stets auf seiner Seite, macht allen Lehrern einen Strich durch die Unterrichtsplanung. »Wann ist wieder Karneval?« oder »Haben wir heute Abend genug Bier?« – das sind die Fragen, die ihn interessieren.

Die Eltern, vielbeschäftigte Handwerker, hatten den einzigen Sohn voller Hoffnung auf die ›Höhere Schule‹ geschickt, sein Traumberuf war nämlich Pilot. Aber Martin musste schon die siebte Klasse wiederholen, die nächsten Versetzungen schaffte er nur mit Nachprüfung, und nun fällt das Halbjahreszeugnis der 10. Klasse geradezu vernichtend aus: In fünf Fächern eine 5, darunter drei Hauptfächer – das bedeutet: ›Blauer Brief‹ – die Versetzung steht völlig in Frage, der Verbleib am Gymnasium ist hochgradig gefährdet. Die Lehrer sind verärgert, die Eltern verzweifelt.

Martin selbst scheint über seine schlechten Zensuren wenig bekümmert: »Dann mach ich eben 'ne Schreinerlehre, der ganze Buchkram interessiert mich sowieso schon lange nicht mehr!« Manche Eltern zerren dann an ihrem Jungen, führen zehrende Kämpfe; oder sie lassen die Dinge laufen – im günstigsten Fall fängt sich der Jugendliche danach in einer Lehre. Unbeantwortet bleibt dabei meist, ob der Junge eigentlich kognitiv überfordert war oder aber seelisch entmutigt – und welches Schultrauma er fortan mit sich herumschleppen würde.

Gut zehn Jahre später wird Martin weder Schreiner noch Pilot sein – und schon gar nicht unter die Räder gekommen. Er wird vielmehr erfolgreich arbeiten – als Sonderschullehrer. Eine wundersame Bildungswende?

Gemeinsam mit einem neu hinzugekommenen Kollegen, der im Umgang mit schwierigen Fällen speziell geschult war, eine individualpsychologische Zusatzausbildung gemacht hatte, überlege ich: Was geht eigentlich in dem Jungen vor? Martin ist nämlich eigentlich ein hellwacher, interessierter Junge. Aber beim Lernen fühlt er sich – hinter der johlenden, witzelnden Fassade – schnell verunsichert, vor allem im Vergleich mit anderen. Als Einzelkind war er lange »der Kleine«, die Eltern verhätschelten ihn –

und überfrachteten ihn zugleich mit hohen Erwartungen. Die Pubertät hatte Martin einen verhängnisvollen Ausweg eröffnet: Durch Jux und Verweigerung bekam er viel leichter Aufmerksamkeit als durch eifriges Lernen und Anstrengung.

Martins Flucht auf Nebenschauplätze hatte bisher nur zu ständigen Mahnungen und viel Ärger geführt – sowie zu einigen Selbstreflexionsbögen, die eine Besserung à la Münchhausen einleiten sollten. Ernsthaft in den Weg gestellt aber hatte sich dem Jungen bislang niemand, und nachhaltig ermutigt worden war er weder in der Schule noch zu Hause. Insofern musste er auch noch nie wirklich selbst Verantwortung übernehmen. In Absprache mit den Eltern eröffnen wir dem Jungen nun zu seiner Verblüffung: Es stehe ihm frei, so weiterzumachen wie bisher, seine Pflichtschulzeit sei dann im Sommer zu Ende, ohne Abschluss. Gleichzeitig machen wir ihm aber klar, dass er viel mehr könne, als er bislang wohl angenommen habe – das hätten verschiedene Tests gezeigt. Allerdings habe er sich große stoffliche Lücken eingehandelt – und an eine ungünstige Arbeitshaltung gewöhnt.

Dann schlagen wir ihm ein Experiment vor, das ihm zunächst schier den Atem verschlägt: Ab sofort soll er täglich seine Schularbeiten erledigen, und zwar unter Aufsicht oder mit spezieller Kontrolle durch die Schule. Auch für die Wochenenden erhält er Arbeitspensen, um seine Wissenslücken aufzufüllen. Gleichzeitig bieten wir an, regelmäßig mit ihm darüber zu sprechen, was ihn beim Lernen beschäftigt – Gefühle der Überforderung, von Unsicherheit, Ängste. Und auch die Eltern werden einbezogen und bekommen einen Auftrag: Sie sollen nämlich standhaft bleiben, wenn der Sohn über zu viel Stoff und Stress klagt. Stattdessen sollten sie sich hin und wieder dafür interessieren, was er jetzt schon mehr könne als sie – in Informatik, in Fremdsprachen. Und tatsächlich: Plötzlich lernt Martin unermüdlich. Angesichts des beziehungsmäßigen Eingebundenseins – und weil es aus eigener Entscheidung geschieht – kann er seine eigentlich unbändigen jugendlichen Energien umlenken, vom Quatschmachen ins Aufholen. Innerhalb weniger Monate schafft er – wenn auch knapp – die Versetzung in die Oberstufe. Und drei Jahre später – die Berater hatten ihre Unterstützung allmählich reduziert – hält er das Abiturzeugnis in Händen. Im Gegensatz zu vielen Altersgenossen hat er ein klares Berufsziel: Er will das werden, was ihm selbst in früheren Schuljahren gefehlt hat – pädagogischer Spezialist für Entwicklungsstörungen.

Freiwilligkeit – *Entwicklungsprobleme verändern sich oft schlagartig, wenn man Heranwachsenden Freiheiten einräumt und sie gleichwertig behandelt; sie können ihre Kräfte dann in Bewältigung investieren statt in Widerstand.*

4 Störungskompetenz – über tiefenpädagogische Expertise

Ein individualpsychologisches Manual

Die zeitgenössischen Fallgeschichten, die Sie soeben studiert haben, zeigen: Man kann ›schwierige‹ Schüler quasi entschärfen, wenn man ihre Motivation versteht – sie können dann auftauen und sich mehr oder weniger beruhigen. Sofern ihr Lehrer die richtige Brille aufsetzt, also einen wohlwollenden und entwicklungsgemäßen Blick auf sie wirft – und sofern es ihm gelingt, ihre Energie in eine günstigere Richtung zu lenken.

Erinnern wir uns noch einmal an sie alle:

- Nihat, 7, der Unruheherd
- Azar, 8, der kleine ›Prinz‹
- Jochen, 9, stört permanent
- Justus, 10, ein ›eingeklemmter‹ Junge
- Sera, 10, wütend über Mathe
- Charlie, 10, schlägt sofort zu
- Martin, 15, der unsichere Witzbold

Es waren weder pädagogische Wunder noch banale Rezepte, die in diesen sowie den historischen Fällen eine Aufweichung, ja bisweilen Auflösung der schulischen Frontstellung ermöglichten. Vielmehr kam eine bestimmte pädagogische *Grundhaltung* zur Geltung: Die Lehrkräfte haben das problematische Verhalten ihrer Schüler nicht als Störung angesehen, die man bekämpfen muss – und so auch nicht sich und ihr Gegenüber in einen unheilvollen Teufelskreis verstrickt. Sie haben das Problem vielmehr als äußeres Anzeichen für eine tieferliegende seelische Not begriffen. Ihnen ist klargeworden, dass das Kind sich mit seinem Verhalten eine gewisse Sicherung verschafft, dass sein Auftreten einen subjektiven Sinn hat. Und die Schüler haben gespürt, dass sie verstanden und wohlwollend behandelt werden und nicht weiterhin abgelehnt oder aufgegeben – und waren deshalb wandlungsbereit.

> »Man kommt weiter, wenn man nicht mit den Kindern kämpft, sondern ihre Muster wohlwollend durchschaut – und ihre Energie in nützliche Bahnen lenkt.« (Alfred Adler zugeschrieben)

Sofern die Lehrer etwas über die familiäre Vorgeschichte des Kindes in Erfahrung bringen konnten, erleichterte ihnen das, die emotionale Perspektive des Kindes einzunehmen, die Welt mit seinen Augen zu sehen, eine Hypothese zu seinem Lebensstil aufzustellen. Dann konnten sie ihm gezielter helfen, einen anderen Weg einzuschlagen: Sie griffen seine Stärken feinfühlig auf und begleiteten es mit viel Ermutigung bei ersten ungewohnten Schritten. Hierbei war eine wichtige Voraussetzung, dass die Lehrer eine vertrauensvolle Beziehung zum Kind aufgebaut hatten, dass sie die Klasse als Lern- und Solidargemeinschaft mit einbezogen, dass sie bisweilen auch die Eltern zum Mitwirken gewinnen konnten.

> »Der sog. böse Wille ist niemals der Beginn, immer nur die Folge von Entmutigung. [...] Es ist ein letztes Aufraffen, wenigstens auf der schlechten, unnützen Seite des

> Lebens sich irgendwie hervorzutun, sich unangenehm bemerkbar zu machen.« (Adler 1930/1974)

Im Alltag stellt sich natürlich die Frage: Wie erkenne ich denn die Finalität, die innere Zielsetzung eines ›schwierigen‹ Schülers? Schließlich handelt es sich ja nicht um ein dem Kind bewusstes Phänomen, ich kann es schwerlich dazu befragen. Zudem: In der Regel turnen ja mehrere Sorgenkinder in meiner Klasse herum – und wer kann schon ohne Weiteres zig Elterngespräche führen? Rudolf Dreikurs, einem Schüler Adlers, verdanken wir hierzu eine Art Systematisierung: Unter den vielen Formen störenden Verhaltens in der Schule benannte er *vier besonders auffällige Typen* – vielfach sind sie bereits Teil des psychologischen Alltagswissens geworden:

- der »Clown« meint, er brauche mehr Aufmerksamkeit
- der »Verweigerer« meint, er müsse die Lage beherrschen
- der »Kämpfer« meint, er müsse erlebtes Unrecht rächen
- der »Faule« meint, Nichts*tun* sei immer noch besser, als dass sich ein Nicht*können* offenbare.

> »Für mich gibt es keinen Zweifel, dass sich jedes Individuum im Leben so benimmt, als ob es eine bestimmte Vorstellung von seiner Stärke und seinen Möglichkeiten hat.« (Adler 1933/1973)

Ein *Indiz* dafür, um welche Motivlage es sich handeln könnte, kann die Lehrkraft übrigens bei sich selbst finden – nämlich in der eigenen Spontanreaktion auf das störende Verhalten. Denn diese ist es ja, die das Kind unbewusst hervorzurufen sucht – weil es sich eben an dieses Muster gewöhnt hat:

- Wenn ein Kind in übertriebenem Maße nach Aufmerksamkeit strebt, geht man unwillkürlich immer wieder auf dieses ein, sei es durch Ermahnen, sei es durch Entgegenkommen/Verwöhnen – was einem mit der Zeit lästig wird.
- Wenn ein Kind unbewusst nach Macht strebt, fühlt man sich von diesem in der Regel herausgefordert – und nimmt den angebotenen Machtkampf an.
- Wenn bei einem Kind ein Rachemotiv waltet, wird ja irgendjemand geschädigt, andere Schüler oder man selbst, das Handeln des Kindes tut weh – man schlägt zurück.
- Wenn ein Kind dazu neigt, sich unsichtbar machen zu wollen, übersieht man es leicht, oder man fühlt sich mit der Zeit hilflos und ratlos, es fällt einem nichts mehr ein – man meint, das Kind aufgeben zu müssen.

Emotionale Reflexe von Lehrenden auf Lernende werden in psychoanalytischer Diktion ja als Gegenübertragung bezeichnet: Schüler, die sich eigentlich entwickeln wollen, übertragen in ihrer Verweigerung kindliche Muster auf den Lehrer und die Lernsituation, stellen sich quer. Und Lehrer, die eigentlich Entwicklungshelfer sein wollen, reagieren oft unwillkürlich in Fortführung des elterlichen Musters, verfestigen so eine Blockade. Solche Gegenübertragungsgefühle – also starke oder irritierende Affekte auf Lehrerseite – sind natürlich problematisch, sie bieten aber auch, sofern sie einem bewusst werden, die Chance, den Code eines ›schwierigen‹ Schülers zu entschlüsseln – weil sie

Hinweise darauf geben, wie dieser soziale Beziehungen erlebt und wie seine Umwelt in der Regel auf ihn reagiert.

Reflexhafte Reaktionen auf Schüler können auf Lehrerseite natürlich auch eigene Komponenten beinhalten: Ärger, wenn ein Störenfried dem Perfektionisten einen Strich durch seine ausgefeilte Stundenplanung macht; Wutgefühle, weil ein unsicherer Pädagoge bei Unruhe fürchtet, die Kontrolle über die Lerngruppe zu verlieren; Angst und Unklarheit in Konflikten, wenn man der tolle Lehrer sein möchte und glaubt, die Anerkennung der Schüler zu verlieren, auf die man sich unbewusst angewiesen wähnt. Auf diese Weise können Lehrkräfte selbst zu Störenden werden, weil Schüler sich dabei ja falsch gesehen, missverstanden fühlen. Aber derlei lässt sich in Supervision aufdecken, meist abschwächen, vielleicht ganz ausräumen.

Es gibt noch *ein weiteres Hilfsmittel*, um der Psychodynamik eines Kindes näherzukommen: seine Stellung in der Geschwisterreihe. Adler hat erstmals systematisch beschrieben, wie bedeutsam die Geschwisterposition für die seelische Entwicklung von Kindern ist. Jedes Kind lerne die Welt nämlich unweigerlich durch eine spezifische Brille sehen:

> »Es ist ein allgemeiner Irrtum anzunehmen, dass Kinder derselben Familie von derselben Umgebung geprägt werden. […] Vieles ist natürlich für Kinder mit demselben Zuhause gleich, aber durch die Stellung in der Geschwisterreihe ist die psychologische Situation jedes Kindes individuell und unterscheidet sich von der der anderen Kinder.« (Adler 1929/1981)

- Als Erstgeborener, als Älteste sei man ja irgendwann durch das nachfolgende Geschwister entthront worden – diese Kinder fühlten sich schnell missverstanden oder zu wenig beachtet. Welchen Lebensstil genau sie entwickelten, hänge dann von den weiteren Umständen ab – der elterlichen Reaktion auf seine Entthronungsenttäuschung, den bereits erworbenen Fähigkeiten, dem zeitlichen Abstand zum nächsten Geschwister.
- Ein Jüngstes war immer das Kleinste im Familienkreis, aber auch der späte Sonnenschein – diese Kinder könnten sich schnell unzulänglich fühlen, vielleicht aber auch übertrieben eine Mittelpunktstellung anstreben.
- Mittlere Kinder würden häufig irgendwie dazwischen aufwachsen, sie seien weder die schon tüchtigen Großen noch die lieben Kleinen – und trügen nicht selten den Eindruck davon, man würde sie übersehen, sie hätten nichts zu bieten.
- Einzelkinder standen zwar stets im Mittelpunkt – und fühlen sich später ohne solchen schnell unbedeutend; sie unterschätzen sich aber womöglich auch, waren sie doch der ganzen Wucht elterlicher Ansprüche quasi schutzlos ausgeliefert.

> »Nicht die Erlebnisse eines Kindes diktieren seine Handlungsweisen, sondern die Schlussfolgerungen, die es aus diesen Erlebnissen zieht.« (Adler 1931/1979)

Der Versuch, die unbewusste Motivlage eines Schülers zu ergründen, muss mit großer Sensibilität und Vorsicht erfolgen – man kann ja nur Hypothesen aufstellen, wird sich auch irren; man ist wie ein Maler oder Bildhauer, der irgendwie anfängt – und im Laufe der Arbeit das Bild schärft. Es geht darum, die Welt mit den Augen dieses Kindes sehen zu lernen. Denn erst dann kann man wissen, welche alternativen Schritte es aus seinem bisherigen Muster heraus zu gehen vermag.

> »Dass wir uns einfühlen können in die Rolle, die das Kind gespielt hat, und uns sagen können: unter den gleichen Verhältnissen, mit dem gleichen irrtümlichen Ziel einer persönlichen Überlegenheit würden wir fast genauso gehandelt haben.« (Adler 1930/1974)

Man sollte etwaige Vermutungen dem Kind auch nicht moralisierend oder triumphierend an den Kopf werfen; jedes Entlarven müsste es als Verunsicherung erleben – und mit verstärkter Abwehr beantworten. Prüfkriterium dafür, ob man mit seiner Einschätzung richtigliegt, ist einerseits das Befinden, die Entwicklung des Schülers, andererseits die eigene Gefühlslage. Wenn das Kind bereit ist, einen neuen Schritt zu gehen, ist das in der Regel ein gutes Zeichen; wenn es sich sträubt oder zurückweicht, hat man meist noch nicht den richtigen Ton getroffen. Hat die Lehrkraft selbst schlechte Gefühle gegenüber dem Kind (Ärger, Wut, Ungeduld), dann erlebt sie es innerlich noch als Gegner, hat sein Schema in der Regel noch nicht wirklich erfasst – und stößt deshalb auf Abwehr.

Hat die Lehrperson die innere Logik aber verstanden, dann kann sie das Kind – mit entsprechender Sensibilität – an diesem Einblick vorsichtig teilhaben lassen. Adler hat vielfach die Erfahrung gemacht, dass »aufdeckende Gespräche« innere Blockaden von Schülern abschwächen, ihnen zu günstigerem Verhalten verhelfen können. Die Lehrerin und Beraterin Sabine Schöneich (2011) schildert etwa, wie sie verschiedene, durch familiäre Verwöhnung apathisch gewordene Kinder erkennen lässt, dass ihr Untätigsein beim Lernen durchaus Sinn macht, nämlich die Lehrerin zu besonderer Zuwendung zu bewegen – und wie diese Einsicht zu neuer Aktivität führt. Adler war der Meinung, ein Mensch könne seinen gewohnten Stil nicht mehr so ungehindert beibehalten, wenn ihm dessen innere Logik klargeworden sei.

> »Er würde bewusst, aber mit schlechtem Gewissen das machen, was er früher unverstanden, aber mit gutem Gewissen, gemacht hat.« (Adler 1930/1974)

Diesen Effekt könne man auch durch Andeutungen erreichen oder durch humorvolle Übertreibungen. Der Schüler denkt dann zunächst im Nachhinein: »Mein Lehrer würde sagen, dass ich das nur tue, um auf mich aufmerksam zu machen.« Mit der Zeit würde er aber auch schon mitten im gewohnten Verhalten innehalten, weil ihm plötzlich vor Augen stände, wie er auf den Lehrer oder andere Schüler wirkt. Ohne die nötige Sensibilität kann man dabei allerdings auch viel Porzellan zerschlagen.

Das Ergründen der Motivlage schwieriger Schüler – und auch eigener störender Anteile – kann leichter fallen, wenn man sich in einem Tandem oder Team mit dem Fall befasst – oder auch in berufsbezogener Supervision. Sabine Schöneich skizziert einige Beispiele: So hatte ein Lehrer regelmäßig mit pubertierenden Jungs Probleme, die nach einiger Zeit eskalierten. In der kollegialen Besprechung stellte sich heraus, dass er als Kind unter seinen älteren

Brüdern zu leiden gehabt hatte – und deshalb männlichen Schülern latent feindselig gegenüberstand. Ein anderer Lehrer meinte aufgrund kindlicher Verunsicherungen, er könne in der Schule nur durch Machtausübung anerkannt werden – und verscherzte sich damit die grundsätzliche Bereitschaft von Schülern zur Kooperation.

Das Reizvolle an individualpsychologischem Durchblick ist jedenfalls: Je genauer man die Beweggründe eines Kindes nachvollziehen kann, umso mehr verliert dieses seine Macht über die Situation. Die Lehrkraft muss sich nicht mehr verteidigen, weil sie sich nicht mehr angegriffen fühlt – sie kann nun Führung und Fürsorge übernehmen. Insoweit ist die Individualpsychologie optimistisch: Das Urteil »Bei dem kann man echt nix machen!« lässt sie nicht gelten:

> »Wir müssen das sichere Gefühl haben, dass sich stets eine Methode finden lässt, um einem Kind zu helfen. Selbst unter den schlimmsten Umständen steht immer ein bestimmter Zugang offen – den wir freilich entdecken müssen.« (Adler 1930/1976)

Adler sagte einmal, man habe einen anderen Menschen erst dann richtig verstanden, wenn man die Dinge mit dessen Augen sehen, mit dessen Ohren hören, mit dessen Herzen fühlen könne. Mit dieser Empathie (heute auch Mentalisierungsfähigkeit genannt) hätten Lehrer in ihrer Klasse enorm viel in der Hand.[9]

9 Der Internationale Verein für Individualpsychologie entwickelte dazu um 1930 einen damals neuartigen Fragebogen: www.textlog.de/adler-psychologie-fragebogen.html (10. 2. 2023).

Bei der Analyse größerer Lernschwierigkeiten und Verhaltensprobleme werden systemische Aspekte von Schule regelmäßig überschätzt. Tatsächlich haben solche Kinder entweder akute Beziehungsprobleme in Familie oder Peergroup – oder sie haben in den ersten Lebensjahren ein irrtümliches Selbstbild samt ungünstiger innerer Zielsetzung entwickelt, und diese ist bislang nicht erkannt worden. Erst recht hat man oft die Betreffenden nicht souverän und sensibel aus dieser Verstrickung herausgeführt, sondern sie entweder vor lauter Selbstlerneuphorie übersehen – oder mit ihnen gekämpft, sie vielleicht gar aufgegeben.

Dass man auch schwere schulische Probleme abschwächen, ja auflösen kann, indem man sie von der Dynamik des einzelnen Kindes her betrachtet und angeht, ist wesentliches Verdienst der von Alfred Adler begründeten Individualpsychologie. Seit Sigmund Freud ist es ja kein Geheimnis mehr, dass frühkindliche Lebenseindrücke den Menschen prägen und in ihm unbewusst walten. Adler, früher Kollege und später Antipode von Sigmund Freud, machte nun diesen Grundgedanken in besonderem Maße nutzbar für das Erzieherische, in Familie wie Schule. Ihm verdanken wir zum einen die Fokussierung darauf, dass menschliches Erleben und Handeln nicht nur von einer Vergangenheit geprägt, sondern immer auch von einer subjektiven Zielsetzung geleitet ist, also eine finale Komponente hat. Zum anderen konnte Adler ganz praktisch zeigen, dass ungünstige Kommunikations- und Lernmuster unter bestimmten Bedingungen veränderbar sind: Lehrer können eine – bislang unverstandene und deshalb reflexhaft wirkende – Fehlhaltung des Schülers nachvollziehen und ihn zu konstruktiveren Schritten ermutigen.

Auch wenn die Ursprünge bereits 100 Jahre zurückliegen: Adler war zu seiner Zeit ein höchst moderner Mann, und seine Ansichten sind aktuell geblieben. Als Sozialmediziner engagierte er sich schon früh in sozialen Fragen (seine erste Publikation galt der Gesundheitsförderung im Schneidergewerbe), und er war ein entschiedener Vertreter der Gleichberechtigung der Geschlechter – für ihn konnten Mädchen genauso gut Mathematik lernen wie Jungen, eine damals geradezu revolutionäre Perspektive. In der Intelligenzfrage hielt er den Erblichkeitsfaktor für zweitrangig (»Es kommt nicht so sehr darauf an, was einer mitbringt, als was er daraus macht.«), und in Erziehungs- und Bildungsfragen plädierte er für ein Konzept freundlicher Führung – wir würden heute sagen: für das Autoritativ-Kooperative, also weder autoritär noch permissiv. Von Adler geschulte Lehrer und Erzieher waren maßgeblich beteiligt, als im Zuge der legendär gewordenen »Wiener Schulreform« die Pauk- und Drillschulen der Monarchie in ein reformpädagogisch orientiertes Bildungswesen überführt wurden.

Die Individualpsychologie sieht das Kind als ein Wesen, das primär nach tätiger Kompetenz und sozialer Anerkennung strebt – und dabei höchst schöpferisch vorgeht. Seine Entwicklung dürfe man nicht nur kausal betrachten, sondern müsse sie auch in ihrer individuellen Finalität verstehen. Zwar wachsen Kinder unter bestimmten rahmenden Bedingungen auf, aber jedes interpretiert diese eigenaktiv, gestaltet seine Erfahrungen also mit. Gleichzeitig versucht jedes Kind, seine grundsätzlichen Geltungsbedürfnisse zu realisieren, dabei entwickelt es ein spezifisches, höchst persönliches Bewältigungsmuster, den sogenannten Lebensstil. Dieser prägt dann auch das schulische Verhalten – denn Lernprozesse (erst recht solche im Kollektiv) sind ja kognitive wie soziale Herausforderungen, die individuell gemeistert sein wollen.

> »Wir leiden nicht unter dem Schock unserer Erfahrungen (dem sogenannten Trauma), sondern machen daraus genau das, was unseren Zwecken am besten dient.« (Adler 1931/1979)

So wird ein Erstgeborenes die Situation in der gleichen Familie ganz anders erleben als das nachfolgende oder gar ein jüngstes Geschwister – es erfährt ja einen massiven plötzlichen Zuwendungsverlust seitens der Mutter. Aber je nach Umständen und Zufällen kann es dieses Fiasko (und sei es nur gefühlt) eher konstruktiv oder eher destruktiv, eher aktiv oder eher passiv bewältigen. Der eine Älteste wird etwa versuchen, sich durch Betonung seiner größeren Leistungsfähigkeit die bedrohte Anerkennung doch noch zu sichern, der andere vielleicht durch Störenfriedallüren aufzufallen suchen, ein dritter sein vermeintliches Heil in einer Art Entmutigungsstarre sehen.

Der Eintritt in die Schule stellt Kinder vor eine doppelte Herausforderung: Sie sollen sich mit fachlichen Stoffen beschäftigen, die sie nicht selbst ausgewählt haben. Ihre Leistungen werden nicht mit elterlicher Zuneigung, sondern nach externen Maßstäben gemessen – und mit anderen verglichen. Zudem sollen sie mit Mitschülern gut auskommen und kooperieren, selbst wenn sie diese nicht leiden können oder mit ihnen konkurrieren. Hat nun das seelische Wachstumsstreben des Kindes eine verzerrte Form angenommen, es also einen ungünstigen Lernstil entwickelt, so entstehen Nebenkriegsschauplätze: Der Schüler ringt vielleicht nervös um Aufmerksamkeit, oder er rangelt mit dem Lehrer ständig um die Führung, er meint sich an anderen für Erlittenes rächen zu müssen – oder er stellt sich einfach unfähig.

Nur der geschulte Lehrer gerät hier nicht in einen Teufelskreis, sondern handelt angemessen. Er reagiert nicht abwehrend oder konfrontativ auf den Schüler und verstärkt so dessen Nöte und Muster, sondern durchschaut die tatsächliche Störung wohlwollend – als vermeintliche Problemlösung des Lernenden. Er versteht, warum ein Kind diesen oder jenen Lebensstil herausgebildet hat – und worin der Nutzen besteht, wenn es sich in der Schule nun als Streber oder Faulpelz, Störenfried oder Außenseiter präsentiert. Er verfügt aber auch über eine breite Palette an Möglichkeiten, dieses ungünstige Muster durch sensible Einsicht, beharrliche Ermutigung und für das Kind überraschende Erfolge aufzuweichen, also eine veränderte Lernhaltung anzubahnen.

Adlers Analyse der Beziehungsdynamik zwischen Kind und Erwachsenem – und insbesondere zwischen Schüler und Lehrer – mündete in die Forderung nach einer starken, gleichzeitig aber auch beziehungsaktiven und feinfühligen Lehrperson – sowie einem Lernklima der Herausforderung und Ermutigung. Aus Sicht der Individualpsychologie sind Lehrer enorm einflussreiche Personen: Sie können einerseits verhindern, dass Kinder angesichts schulischer Anforderungen mutlos werden, können also der Entwicklung ungünstiger Schulkarrieren vorbeugen (Prophylaxe); andererseits können sie frühe Erziehungsfehler relativieren (Intervention). Notwendig ist dazu allerdings, dass sie eine dynamische Sicht kindlicher Intelligenz haben – und dass sie sich als beziehungsaktive und deutungssensible Führungspersönlichkeiten begreifen. Solche Lehrkräfte

- gestalten den Unterricht zugewandt, ermutigend und anforderungsbetont, um den Schülern möglichst viel Lernerfolg zu ermöglichen;
- schaffen eine Klassenatmosphäre, die allen Schülern möglichst viel stützendes Gemeinschaftserleben und -handeln ermöglicht;
- deuten Fehlhaltungen und Selbstbildirrtümer im Arbeits- und Sozialverhalten von Schülern angemessen und wirken sinnvoll korrigierend auf sie ein.

> »So wertvoll, wie es ist, durch eine sympathische Haltung ein freundschaftliches Verhältnis zu entmutigten Kindern aufzubauen, so ist dies doch nicht genug. Das freundschaftliche Verhältnis muss dazu benutzt werden, sie anzuregen, ihre Besserung weiter voranzutreiben.«
> (Adler 1930/1976)

Lehrkräfte sind also in zweierlei Hinsicht gefordert: Sie sollten einerseits die Schulklasse als entwicklungsförderliche Gemeinschaft gestalten – jedes Kind könnte dort Verbundenheit, Mitgestaltung, Unterstützung, Aussprache und Selbstverwaltung erleben und einbringen. Und sie sollten andererseits bei einzelnen ungünstig agierenden, also in ihrem Selbstbild irritierten Kindern

- die ihrem Verhalten zugrunde liegende psychische Dynamik verstehen (Lehrer als Beobachter, Forscher und Deuter);
- in Beziehung zum Kind treten (Lehrer als Kontaktsucher);
- beim Kind den Glauben daran stärken, dass es sein Verhalten ändern kann (Lehrer als Entlaster);
- den Schüler dazu anregen, sein Verhalten selbst zu durchschauen (Lehrer als Enthüller);
- die positiven Kräfte des Kindes durch Ermutigung steigern, es also auf die Nützlichkeitsseite zu lenken (Lehrer als Trainer);
- Selbständigkeit und Selbstverantwortlichkeit fördern und damit den Jugendlichen vom Erzieher unabhängig machen (Lehrer als Ablöser).[10]

Dabei ist das Ziel von Schule nicht, junge Menschen als Ganzes ›umzukrempeln‹ – sondern ihre Lebens- und Lernmöglichkeiten zu erweitern, sie aus Verhärtungen zu befreien. Der Lehrer als Tiefenpädagoge geht von biografisch-emotionalen Verstrickungen des Kindes aus und berücksichtigt sie auch, aber er thematisiert dies meist nur indirekt, arbeitet primär am aktuellen Lernproblem, nicht therapeutisch.

Individualpsychologie, so ließe sich bilanzieren, ist ein früher Brückenschlag zwischen Tiefenpsychologie und Pädagogik. Besondere Merkmale dieser Sicht auf menschliche Entwicklung und pädagogisches Handeln sind

10 Vgl. Karl-Heinz Benkmann, »Schule«, in: Wörterbuch der Individualpsychologie, München/Basel 1985.

- grundsätzlicher Entwicklungsoptimismus
- die Betonung des *sozialen* Antriebs
- das Prinzip Finalität (*unbewusste* Zielorientierung)
- Lebensstil als *individuelle* Schöpfung
- Relevanz der Geschwisterkonstellation
- seelische Verwöhnung als schwächender Erziehungsstil
- Schulklasse als Entwicklungsgemeinschaft
- Praxis der offenen Elternschulung und Lehrerweiterbildung

Spätere Befunde der Humanwissenschaften haben den individualpsychologischen Ansatz vielfältig bestätigt.[11] Dazu zählen sowohl neuropsychologische Grundlagen, Erkenntnisse aus Bindungs- und Säuglingsforschung sowie selbstpsychologische Konzepte, aber auch die Befunde zur Relevanz der pädagogischen Beziehung durch die empirische Unterrichtsforschung. Adler hat auch dem vorgegriffen, was heute der Kognitionsforschung als dynamische Sicht der kindlichen Intelligenzentwicklung selbstverständlich ist – nämlich die »hohe Neuroplastizität«, also erfahrungsbedingte Formbarkeit des kindlichen Gehirns, und zwar bis ins späte Jugendalter. Konträr zu statischen Konzepten wie »Der ist eben so« oder »Mehr ist bei dem halt nicht drin« titelte etwa Elsbeth Stern in unseren Tagen »Lernen macht intelligent«.

In der Praxis hat sich die individualpsychologische Dia-

11 Vgl. Lucien Nicolay, »Individualpsychologische Psychagogik«, in: *Zeitschrift für Individualpsychologie* 29, 2004, Heft 3, S. 196–224.

gnostik schulischer Störungssymptome als höchst brauchbarer Ansatz zu schulpädagogischem »Verstehen und helfen« erwiesen. Durch zahlreiche Handbücher des amerikanischen Adler-Schülers Rudolf Dreikurs wurde dieses Konzept bereits in den 1970er Jahren hierzulande populär. Die zunehmenden Förderbedarfsquoten und Problemballungen an Schulen lassen es heute dringend geraten erscheinen, diesen Schatz neu zu heben. Immerhin waren die individualpsychologischen Versuchsschulen im »Roten Wien« funktionierende und beliebte Vorstufen schulischer Inklusion. Schulisches Lehren und Lernen könnte auch in unseren Tagen unter individualpsychologischer Perspektive für alle Beteiligten viel erfolgreicher und befriedigender sein – ganz ohne schulpolitische Grabenkämpfe und kräftezehrenden Systemumbau.

Psychoanalytische Impulse

Einen Einblick in klassisch psychoanalytische Sichtweisen des Phänomens ›Störenfried‹ gibt der Sammelband *Das Problem des schwierigen Kindes* (Ahrbeck & Rauh 2006). Auch hier wird der Kern kindlicher Beeinträchtigung jenseits ihrer Symptome verortet, also hinter dem gesehen, was vordergründig stört. So betont etwa Ahrbeck, dass schlichte Konzepte der Selbstwertförderung wenig Sinn machten, dabei würden ja nur innere Leerräume durch äußere Anerkennung scheinkompensiert. Auch isolierte Trainingsprogramme – etwa zum Aufbrechen von Aufmerksamkeits- oder Konzentrationsstörungen – seien oft wenig zielführend, da es zu kurz greife, wenn man nur auf neurologische Dysfunktionen fokussiere. Vielmehr gelte es, die Innenwelt des Kindes stärker in den Blick zu nehmen.

Dort stoße man bei ›schwierigen‹ Schülern stets auf frühkindliche Beziehungsstörungen und unausgereifte Persönlichkeitsstrukturen. In jedem Einzelfall gelte es, die spezifische psychische Situation sensibel zu erfassen, dann nämlich erscheine das unangepasste Verhalten in völlig anderem Licht. Aggressivität – oder auch Zurückgezogenheit – könne etwa Ausdruck innerer Ängste sein, vor befürchteter erneuter Entwertung, Kränkung oder Übergriffen. Erkenne der Pädagoge dieses innere Szenario, so schwinde häufig sein spontaner Reflex, das ›schwierige‹ Kind zu maßregeln oder gar loswerden zu wollen. Vielmehr eröffneten sich Entwicklungsauswege: indem man ihm einen haltenden und tragenden Rahmen biete, ihm Aufmerksamkeit schenke, ihm eine bindungsfähige und verstehende, aber auch orientierende Umwelt schaffe.

Nimmt man sich nur genügend Zeit, so lässt sich die unbewusste Bedeutung einer Verhaltensauffälligkeit oder Lernstörung tatsächlich immer entschlüsseln, wie Beispiele zweier Lehrerinnen zeigen.[12] Eine Erstklässlerin etwa machte monatelang keinerlei Lernfortschritte im Lesen und Rechnen, klagte zudem oft über Bauchschmerzen, schlug bisweilen mit dem Kopf auf die Tischplatte. Bei ihr ergab die familiäre Erkundung, dass sie keine sichere elterliche Bindung hatte aufbauen können – die alkoholabhängige Mutter bot ihr keinen Halt, der Vater war abwesend, das

12 M. Büse-Kastner / D. Mauthe-Schonig, »Er kann nicht bis drei zählen ... Überlegungen zu Lernstörungen von Kindern aus psychoanalytischer Sicht«, in: Ahrbeck & Rauh 2006, S. 40–60.

Mädchen fiel immer wieder ins Leere, hatte keine Energie für Lernaufgaben, war gedanklich damit beschäftigt, wie es der Mutter wohl gehe. Oder eine plötzlich auftretende Rechenstörung im zweiten Schuljahr: Ein früh adoptiertes Kind reagierte stark verunsichert, weil ihre Familie ein neues Pflegekind aufnahm. Das Mädchen erstarrte förmlich, hatte keine Kraft mehr für Spiel oder mathematische Kognition, wollte gar von zu Hause weglaufen. Denn das neue Pflegegeschwister stellte eine gewisse Entthronung dar – eine Aktualisierung der Frage: Ist meine neue Mama eigentlich wirklich für mich da? Oder auch Zählschwierigkeiten samt großer Vergesslichkeit bei einem Siebenjährigen – der aber durchaus zählen konnte, wenn's um seine eigenen Interessen ging. Sein Schulproblem lässt sich als Lustlosigkeit eines verunsicherten, aber auch verwöhnten jüngsten Kindes deuten, Aufgaben zu erledigen, die über seine direkten Eigeninteressen hinausgehen.

Auch psychoanalytisch orientierte Autoren deuten ›störende‹ Symptome also als nachvollziehbare, aus der Sicht des Kindes verständliche, geradezu clevere Lösungsversuche innerer Konflikte. Kindern mit Schulleistungs- und Verhaltensstörungen mangele es – so die Gymnasiallehrerin Ute Benz – am nötigen Zutrauen, bei ihnen herrsche stattdessen Misstrauen gegenüber sich selbst und gegenüber anderen Menschen. Sie zweifelten zutiefst daran, dass es sich lohne, neugierig zu sein und sich mit Unbekanntem zu befassen. Sie gäben sich uninteressiert und abweisend, aber ihr gereizter oder auch resignierter Ton verweise darauf, dass sie befürchten, sie könnten in Minussituationen geraten, könnten als dumm erscheinen. Ein Kind könne es weniger schlimm finden, als hoffnungslos dumm zu gelten, als beim Lernen und Fehlermachen unangenehme Erfahrungen zu machen – wie Ablehnung oder Strafe.[13]

Was steckt hinter der kindlichen Symptomatik? Das muss in jedem Einzelfall sorgfältig erkundet werden. Es sei wichtig, sich klarzumachen, dass Kinder mit ihrem Querstellen auf erlebte Belastungen und innere Spannungen reagieren. Akute Lernstörungen seien als übertragene Beziehungsstörungen zu verstehen, so die psychoanalytische Deutung. »Symptome haben gleichsam eine Überlebensfunktion für Menschen, durch die noch viel beunruhigendere Emotionen oder Erfahrungen gebändigt werden.«

Warum beginnt ein Dreizehnjähriger sofort zu prügeln, wenn er sich beschimpft fühlt? Er will sich stark zeigen, weil er um nichts in der Welt so werden will wie sein schwacher Vater, den er verachtet. Beim schulischen Lernen ist er dagegen dauernd mit Schwäche und Abhängigkeit konfrontiert; dem versucht er auszuweichen, so werden seine Leistungen immer schlechter. Ein intensives Nachhilfetraining alleine würde ihm wenig helfen; aber in der positiven Beziehung zu einer starken Lehrperson könnten sich seine gewalttätigen Reflexe beruhigen. Oder warum hat eine Elfjährige keine Freunde und geht ungern zur Schule? Sie lebt eben im Dauerclinch mit ihrer Mutter und hat nicht gelernt, eigenständig Beziehungen zu Gleichaltrigen zu unterhalten. Im Unterricht hat sie für den Stoff ›keinen Kopf‹, in diesem kreist vielmehr die Angst, in der Pause allein zu sein. Das Mädchen müsste sich mit der Mutter versöhnen und von dieser emanzipieren – sei es durch ein

13 U. Benz, »Konflikte versperren den Weg zum Lernen. Lernstörungen als Abwehr«, in: ebd., S. 82–94.

therapeutisches Setting, sei es durch Vermittlung einer Lehrperson, die sie ins Herz schließt und zu ihr eine professionell pädagogische Beziehung aufbaut.

Ulrike Becker beschäftigt sich explizit mit der »Modekrankheit AD(H)S«.[14] Das Etikett *AD(H)S* sei zur gängigen Bezeichnung für das Phänomen Hyperaktivität geworden, erkläre die intrapsychische Situation der Betroffenen jedoch wenig, lasse sich gar als ›Abwehrdiagnose‹ einer Gesellschaft deuten, die zu wenig Zeit oder Geld hat, sich um das Innenleben der Menschen zu kümmern. Tatsächlich wachsen immer mehr Kinder in Zweipersonenhaushalten auf, haben also keine Bindung an eine dritte Bezugsperson; oder aber die vorhandenen Väter sind zu schwach, um dem Kind eine altersgemäße Loslösung von der Mutter zu ermöglichen. Psychoanalytiker deuten die verbreitete motorische Unruhe so, dass diese Kinder einerseits zu wenig innere Stabilität hätten und andererseits zu wenig explorative Stärke. Den australischen Kinderpsychologen Steve Biddulph paraphrasierend könnte man sagen, Kinder sind genau in dem Maße unruhig, wie Eltern ihnen zu wenig familiären Halt bieten können.

Zwar fühlen sich Mütter, so Ulrike Becker, von der Diagnose ADHS, der Verschreibung von Ritalin und dem Angebot einer Kur häufig entlastet, da sie bisher glaubten, erzieherisch versagt zu haben. Beruhigung und Stabilisierung können jedoch oft ohne Ritalin – und seine Folgeprobleme – gelingen. Ein Drittklässler etwa war zuvor im Unterricht vollkommen chaotisch und unruhig, er wollte keinen

14 U. Becker, »AD(H)S – wo bleibt das Kind? Zur Förderung von schwierigen Schülern«, in: ebd., S. 160–180.

an sich heranlassen und wusste nicht, wie er mit allen Anforderungen zurechtkommen sollte. Eine Sonderpädagogin unterrichtet ihn deshalb einen Teil des Tages in einer Kleingruppe von vier Schülern. Dort verfügt der Junge über ein eigenes Schülerbüro, eine Art abgetrennten Rückzugsort, und die Lehrerin bietet ihm eine entwicklungsförderliche Beziehung an: ruhig und freundlich, aber auch orientierend und fordernd. In diesem geschützten Rahmen findet der Junge allmählich inneren Halt und wird fähig, am Unterricht auch größerer Gruppen teilzunehmen. Resümee der Autorin: Es werde zu »häufig eine Psychotherapie mit begleitender medikamentöser Behandlung empfohlen, obwohl die Einnahme entsprechender Medikamente [...] nach einer kurzfristigen Verbesserung der Situation langfristig mehr zur Resistenz der Symptome als zu deren Auflösung beitragen«.

Vor individualpsychologischem Hintergrund hat Jürg Rüedi einen ähnlichen Ausweg skizziert.[15] Einen permanent unruhigen Viertklässler hatte seit Schulbeginn niemand zu bändigen vermocht, er war zum schwarzen Schaf der Klasse geworden. Der neue Lehrer begann nun, Regelverstöße mit Ernst und Festigkeit anzumahnen, gleichzeitig entwickelte er mit dem Jungen unter vier Augen kleine Verhaltensziele; das ließ einen Beziehungsfaden zwischen beiden entstehen und beruhigte den Jungen zunehmend. Mit der Zeit wurde klarer, dass dieser starke elterliche Anforderungen empfand, diese ihn aber allzu sehr

15 J. Rüedi, »ADHS-Prävention – Gedanken aus individualpsychologischer Sicht«, in: *Zeitschrift für Individualpsychologie* 29, 2004, Heft 3, S. 247–261.

in Watte gepackt und somit sozial geschwächt hatten: Immer waren die anderen schuld an Konflikten gewesen, ihr eigener Junge hatte es nicht nötig, auf andere Rücksicht zu nehmen.

Der analytisch geschulte Lehrer Martin Harten untersucht am Beispiel eines Zweitklässlers, ob auch bei *Störungen des Autismusspektrums* biografische Komponenten eine Rolle spielen können.[16] Ein »schon immer auffälliger Sonderling« kommt häufig zu spät, erstaunt aber durch seine umfangreichen und detaillierten Kenntnisse in vielen Sachbereichen; diese stellt er gerne ausführlich, aber oft unverständlich und hastig dar. Auch beim Malen, Modellieren und anderem Gestalten arbeitet er vertieft und konzentriert, um ein eigenwilliges gutes Ergebnis zu erzielen. Alltägliche Übungsaufgaben dagegen verweigert er regelmäßig. Falls er durch gutes Zureden doch beginnt, gibt er nach kurzer Zeit wieder auf. Er interessiert sich sehr für technische Dinge. Generalisierungen fallen ihm schwer, jeden Einzelfall sieht er facettenreich als einzigartig. Schwierige Texte liest er fließend, aber monoton; im Umgang mit anderen ist er unbeholfen und grob. Oft springt er unvermittelt auf, rennt durch den Klassenraum, kontrolliert bestimmte Gegenstände, bringt an der Tafel Korrekturen an, schreit plötzlich laut oder gestikuliert wild. Dann wieder sitzt er völlig versunken da, teilweise auch unter dem Tisch. Er bekommt aber alles mit, auch wenn man den Eindruck hat, er sei innerlich abwesend. Geräusche anderer kann er kaum ertragen, empfindet etwa auf dem Papier kratzende

16 M. Harten, »›Drei mal drei ist blau‹. Oder: ›Dieses Kind war immer ein Sonderling.‹«, in: Ahrbeck & Rauh 2006, S. 181–200.

Füllfederhalterfedern als nicht aushaltbar. Seine Mitarbeit im Unterricht schwankt zwischen intensiver Beteiligung, ja überschießender Begeisterung, und dem Versinken in einer eigenen Welt.

Vielleicht muss man hier gar nicht, wie der begleitende Ambulanz-Lehrer, eine »regressive Neigung zur Verschmelzung mit der Mutter« konstatieren. Naheliegend scheint jedenfalls ein frühkindlicher Beziehungsmangel, eventuell wurde der Junge auch zunächst stark verwöhnt. Jedenfalls scheint ihn die zwei Jahre jüngere Schwester zu bedrohen. Er hat wohl versucht, die Eifersucht auslösenden Eindrücke von sich fernzuhalten, sich durch intensive und hochqualitative Beschäftigungen abzuschotten. Deshalb stören ihn heute die Mitschüler förmlich, er muss sie auf Distanz halten – oder wird nervös.

Was ihm hilft und ihn beruhigt, ist, ihn nicht zu überfordern, zugewandt mit ihm zu sprechen und ihn nötigenfalls bestimmt, aber ohne Affekt in Schranken zu verweisen. Wenn er allzu starre Vorstellungen von einer Situation hat, kann man ihm die Lage durch Begriffe wie »ausnahmsweise« erleichtern. Für Situationen, die zu sehr verunsichern, ängstigen oder ausweglos erscheinen, wird ein Notplan vereinbart. Im Laufe der sechsten Klasse kann er allmählich mit Regelanforderungen umgehen, der Wechsel zur Oberschule verläuft dank eines Integrationshelfers gut, zum Ende der achten Klasse ist er Klassenbester nach Punkten, seine soziale Kommunikation ist zunehmend konstruktiv geworden. Nach einem Sprachkurs im Ausland schließt er die Schule mit einem Realschulzeugnis ab.

Auch das Problem ›*Schulschwänzen*‹ ist mehr als eine

Ordnungswidrigkeit, hat Hintergründe. Hierzu ebenfalls zwei Beispiele. Eine Vierzehnjährige etwa – so schildert die Psychotherapeutin Regina Konrad[17] – ist eigentlich aufgeweckt und intelligent, fühlt sich aber hochgradig allein, äußert auch Suizidgedanken. Sie ist das jüngste von mehreren Geschwistern, die alle in der Schule gut zurechtkommen; die Eltern leben getrennt und sind intensiv damit befasst, neue Partner zu finden. Insgesamt hat sie das Gefühl, niemand interessiere sich für sie, auch nicht ihre Mitschüler, vor und von denen sie sich schnell als unfähig bloßgestellt fühlt – ganz so wie beim ironischen Umgangston der älteren Geschwister.

Ist da Absentismus nicht eigentlich eine clevere ›Lösung‹? Das Mädchen meidet die Situation Schule, die ihr nur Demütigung beschert, flüchtet sich stattdessen in Ablenkungen und Tröstungen wie Computerspiele, Fressanfälle oder Drogenkonsum. Tatsächlich hilft ihr, wenn sie sich verstanden fühlt, wenn sie destruktive Gedanken überhaupt zur Sprache bringen kann, wenn sie sich in einer pädagogischen oder therapeutischen Beziehung aufgehoben fühlt, wenn andere Konflikte sich beruhigen.

An Schülern, die Krach schlagen, die auf die Pauke hauen, kommt man schwerlich vorbei – auch wenn einen die Vitalität ihres Überlebenskampfes bisweilen überfordert. Übersehen werden dagegen oft die Stillen, Unauffälligen – die dann in ihrer Entwicklung stagnieren oder scheitern, weil ihre Lehrer überfordert sind oder ihre Wahrnehmung unterentwickelt. Die Lehrerin Angelika Wolff und der

17 R. Konrad, »Schwierige Zeiten – schwierige Kinder?«, in: ebd., S. 61–81.

Soziologe Thomas von Freyberg[18] arbeiten am Fall einer Neunzehnjährigen etwas Übergreifendes heraus: dass nämlich beim Symptom Schulschwänzen häufig ein »institutionelles Aufmerksamkeits-Defizit-Syndrom« mit einem persönlichen ›Lebensstil‹ unheilvoll zusammenwirkt. Für Kinder, die sich im familiären Setting ohnehin tendenziell übersehen und unzulänglich fühlen, wird Sich-unscheinbar-Machen, ja ein förmliches Verlorengehen zur naheliegenden ›Problemlösung‹. Das beschriebene Mädchen hatte viele Lehrer an vielen Schulen – und sie ist immer genau dann aufgeblüht, wenn jemand Interesse an ihr gefunden, sich stärker um sie gekümmert hat.

Auch Alfred Adler beschrieb einen Fall von Schulschwänzen. Eine Zwölfjährige hatte es sich nach dem Wechsel zur weiterführenden Schule zur Gewohnheit gemacht, immer wieder zu Hause zu bleiben – als Grund gab sie Ängste an, auf dem Schulweg unter Rowdys zu fallen. Dies erwies sich jedoch als ein Arrangement nach bereits eingefahrenem Muster: Das Mädchen hatte als Kleinkind wegen diverser Krankheiten zu sehr im Mittelpunkt gestanden – und sich dann angewöhnt, durch das Verweigern von Essen oder Medikamenten besondere Beachtung zu inszenieren. Das übertrug sie später auf die Schule, als sie dort auf eine unbekannte Situation stieß – und auf eine sie kritisierende Lehrerin (Adler 1930/1993, S. 131).

18 Th. von Freyberg / A. Wolff, »Aus den Augen – aus dem Sinn! Eine interdisziplinäre Fallstudie zur Konfliktgeschichte einer Schulschwänzerin«, in: ebd., S. 96–119.

5 *Sieben Miniaturen*

Nicht immer reicht die Zeit, um die Vorgeschichte eines schwierigen Verhaltens hinreichend auszuleuchten. Aber je mehr Fälle man bereits erlebt und/oder gedanklich durchgearbeitet hat, je präziser die eigene diagnostische Brille ist, umso eher erfasst man eine Problemlage auch ohne viel Zusatzinformationen – und trifft einen Ton, die die ungünstige Haltung abschwächt, gar korrigiert, ohne den jungen Menschen zu verschrecken.

Der Grobian

Der Schulanfänger Mick etwa biss seine Lehrerin gleich bei der ersten Begegnung, noch in der Schulkindergartengruppe, kräftig in den Arm.[19] Sie war zwar überrascht, reagierte aber nicht entrüstet, quasi als Gegnerin, sondern schlug sofort eine konstruktive Richtung ein: Sie ergriff seine Hände, fixierte ihn mit Blicken und sagte deutlich: »Hier wird niemandem weh getan – weder einem Erwachsenen noch einem Kind!« Der Bursche war ziemlich überrascht – dass sie ihn nicht zurückwies oder bestrafte, aber auch so klar und entschlossen reagierte.

Mick hatte sich als nicht schulreif erwiesen, zunächst hatte eine frühe Überweisung zur Förderschule in der Luft gelegen. In seiner Umgebung war ständige Unruhe, jagte eine Grobheit die andere. Mick ließ sich nichts sagen, war extrem eigensinnig, er benahm sich ständig so, als befinde er sich in Feindesland, wolle sich für etwas rächen. Erst spä-

19 Persönlicher Bericht der Lehrerin M.

ter würde die Lehrerin erfahren, dass das tiefere Motiv dafür wohl die Enttäuschung darüber war, dass ihm der nur ein Jahr jüngere Bruder so schnell die Mutter weggenommen hatte – und sich beide Eltern zu diesem auch mehr hingezogen fühlten.

Im Verlauf des ersten Schuljahres gelingt es der Lehrerin, ihn zu stabilisieren – und sein gewalttätiges Verhalten abzuschwächen. Wenn er mal wieder grob zu einem Mitschüler ist, fragt sie ihn: »Musste das sein?« Überzeugt führt er dann verschiedene Gründe an – und wieder findet sie eine Antwort, die ihn erstaunt: »Das hätte mich auch geärgert – aber ich hätte anders reagiert!« Und sie macht ihm einen Vorschlag, den er ausführt: »Könntest du dein Unbehagen mit Felix nicht aufschreiben? Oder das Problem mal im Klassenrat vortragen?«

Trotz großer Geduld dauert es sehr lange, bis Mick gerne kooperiert. Wenn die Lehrerin ihn lobt, führt das anfangs eher zur Verweigerung als zu mehr Vertrauen. »Erwachsene wollen immer nur bestimmen! Aber nicht mit mir!«, erklärt er ihr später einmal. Deshalb lässt sie ihn selbst beurteilen, wie er seine Leistung oder sein Verhalten einschätzt. Irgendwann will er dann auch von ihr wissen, ob sie seine Einschätzung teile oder wie sie etwas sehe. Später wird die Lehrerin erfahren, dass Mick seine anschließende Hauptschulzeit ganz gut bewältigt hat – und mittlerweile als Koch arbeitet.

Der Schweiger

Der Erstklässler Sascha präsentiert sich ganz anders[20] – er greift nicht an, sondern schweigt, zumindest der Lehrerin gegenüber. Immerhin ist er aufmerksam und lernt offenbar mit, macht seine Hausaufgaben, zu Hause und mit den Mitschülern spricht er normal. Um zu vermeiden, dass Sascha vorschnell ein psychiatrisches Etikett bekommt (z. B. Mutismus), nimmt die Lehrerin ihn erstmal so, wie er sich gibt. Aber mit der Zeit sucht sie nach Wegen, ihn doch zu beteiligen. Sie bittet etwa Saschas Nachbarn, diesen flüsternd um seine Meinung zum Thema zu fragen und diese weiterzugeben. Das funktioniert, ist zwar etwas umständlich, aber Sascha scheint erleichtert.

Die Schüler wollen wissen, warum Sascha nicht mit der Lehrerin spreche. Ihre Antwort, in Gegenwart Saschas: »Ich weiß es nicht, aber er wird schon seine Gründe haben. Vielleicht entschließt er sich eines Tages, mit mir reden. Aber es macht nichts, dass er im Moment nichts sagt, er lernt ja mit und beteiligt sich.« Saschas Verhalten wird auf diese Weise nicht problematisiert, er gerät weder zum ›Fall‹, noch bekommt er große Aufmerksamkeit. Die Lehrerin lässt ihn so aber wissen, dass sie seine Gefühlswelt respektiert, baut eine vertrauensvolle Beziehung zu ihm auf, zeigt ihm, dass sie ihn mag.

Mit der Zeit kann die Lehrerin ihn auch direkt ansprechen, er flüstert dann seinem Nachbarn die Antwort zu.

20 Vgl. Marita Brune, »Sascha spricht nicht«, in: *Zeit-Fragen* 15 (2019), online: www.zeit-fragen.ch/archiv/2019/nr-15-2-juli-2019/sascha-spricht-nicht (10. 2. 2023), ausführlicher in Felten 2020.

Doch irgendwann muss sie wissen, wie es um seine Lesefähigkeit bestellt ist. Sie bittet ihn, zu Hause einen Text selbst auf ein Tonband einzusprechen. Das Medium erweist sich als gute Brücke: Die Lehrerin kann ihm am nächsten Tag Echo geben – nicht darauf, dass er auf diesem Umweg vorgelesen hat, sondern auf seine Lesekünste! Nach einigen Malen kann sie seine Stimme auch vor der Klasse abspielen, alle hören jetzt, wie gut Sascha zu lesen vermag. Und bald ergibt es sich ganz von alleine, dass Sascha einfach beginnt zu reden, zunächst mit ihr – und bald auch mit den anderen Lehrkräften.

Warum nun genau Sascha zunächst nicht mit Erwachsenen geredet hat, hat die Lehrerin nie erfahren. Es gab offenbar einfach eine innere Blockade – und sie hat versucht, diese durch ein Unterstützungsangebot aufzuweichen und abzubauen. Sie hat nicht dilettantisch in der Persönlichkeit des Schülers herumgestochert und eine ›Störung‹ gesucht, sondern das genuine Terrain des Pädagogen genutzt: über die gemeinsame Arbeit in der Klassengemeinschaft stärkend und korrigierend auf ein Kind einzuwirken.

Das ist für Beate Letschert-Grabbe, Schulleiterin, Lehreraus- und -fortbilderin, überhaupt zentral: den Fokus ganz auf das Konstruktive zu legen, auf den Ausweg aus einem ungünstigen Muster, also auf Ermutigung. Dabei gehe es am wenigsten um ein personales Loben von Schülern, erst recht nicht in Form eines oberflächlichen »Super gemacht!« (Letschert-Grabbe 2021). Nachhaltig aufbauend sei hingegen das detaillierte Kommentieren der konstruktiven Schritte des Kindes, so würden die sinnvollen Anteile seines Handelns gezielt verstärkt, ihm auch bewusstgemacht. In ihren Weiterbildungen leitet sie Kollegien dazu an, zunächst einmal sorgfältig der Frage nachzugehen: Wie nehme ich als Lehrkraft das Kind wahr? Dem werden Möglichkeiten gegenübergestellt, wie das Kind sich selbst wohl sieht bzw. sehen mag. Anschließend wird genau überlegt, welche Ermutigungsstrategien sich bisher nicht bewährt haben, und es wird zusammengetragen, über welche Fähigkeiten das Kind verfügt. Daraus ergibt sich oft eine neue, wirkungsvollere Ermutigungsidee.

Lustlosigkeit

Über den Zweitklässler Marvin[21] etwa sagt seine Lehrerin, er wirke müde und belastet, zeige wenig Lust auf Schule, trödele oft nur rum. Regeln seien für ihn ein Problem, es gebe oft Streit mit ihm. Er sage oft: Ich kann das sowieso alles nicht.

Über Marvins Motivlage äußern die Kolleginnen zunächst unterschiedlichste Vermutungen, es kristallisiert sich aber heraus, dass er wohl seine Fähigkeiten nicht zu schätzen weiß – weil er sie nicht wahrnimmt. Natürlich wäre das pädagogische Ziel jetzt, dem Kind nachzuweisen, dass es doch etwas kann. Indes hat Marvins Klassenlehrerin das ja schon häufig versucht. Immer wieder hat sie dem Jungen zurückmeldet, was er kann, wie weit er gekommen ist, was er schon geschafft hat, wie gut er was kann usw. Indes: Er glaubt es einfach nicht. Meistens hört er sich das nicht mal richtig an – als ob er es gar nicht wissen wolle. Sie ist ratlos.

Im Klassenteam wird eine neue Idee entwickelt, der Spieß wird quasi umgedreht. Anstatt dem Jungen von Leh-

21 Vgl. Letschert u. a. 2014, S. 254 ff.

rerseite weiter einzureden, er könne doch schon einiges, soll er das, was er objektiv gut kann, anderen Kindern erklären. Marvin soll sich also seine Fähigkeiten bewusstmachen, indem er selbst sie reflektiert, erklärt, vorführt und anderen Kindern zur Verfügung stellt, so dass diese davon profitieren können. Und indem er anderen behilflich ist, kann auch seine Integration in die Klassengemeinschaft gefördert werden.

Reinrufen

Beim Drittklässler Ulli[22] liegen die Dinge ganz anders, er ist ein leistungsstarker Schüler, der sich aber nie an die Melderegel hält: »Er ruft immer alles laut in die Klasse, vor allem, wenn es um Ergebnisse geht [...]. Das stört total, und er nervt uns alle damit.« Die Lehrerin könnte ihn nun permanent ermahnen, womöglich nach hinten setzen, ihn vielleicht gar bestrafen – aber das unangemessene Verhalten wäre dadurch ja nur weggeschoben bzw. unterdrückt.

Stattdessen entwickelt eine hinzugezogene Beraterin einen reflexiven Dialog mit Ulli, sie bringt zunächst seinen Stolz auf seine Leistungen zur Sprache, dann aber auch seinen Wunsch, dass die Mitschüler dies auch immer wieder zu sehen bekämen – und schließlich sein Ziel: »weil ich dann auch Respekt kriege«. Man könnte jetzt auf die Idee kommen, ihm nun unter die Nase zu reiben, dass er auf diese Weise ja gerade keinen Respekt ernte, sondern eher Ablehnung – aber wie viel wirksamer ist es, wenn er selbst diesen Schluss ziehen kann! Die Beraterin geht also einen

22 Vgl. ebd., S. 166 ff.

weiteren Schritt mit ihm und lässt sich erzählen, wie genau er sein Ziel verfolge: »wenn es besonders leise ist …, wenn niemand damit rechnet …, wenn ich mir ganz sicher bin …« Erst als sie ihn nun vorsichtig fragt, ob er sein Ziel denn auch tatsächlich erreiche, wird ihm das Unglückliche seiner Strategie ein Stück weit klar: Er erntet ja de facto Streit und Ablehnung – sowie Genervtsein bei der Lehrerin. Also alles andere als Respekt.

Es braucht diese Einsicht, dass Ulli den bislang waltenden Automatismus infrage stellen kann – und es braucht die Gewissheit, dass sich das gewünschte Ziel auf andere Weise besser erreichen lässt. Diese Wege kann die Lehrerin ihm jetzt zuspielen: So soll er z. B. anderen Kindern bei der Erarbeitung naturwissenschaftlicher Inhalte helfen, Arbeitsblätter entwerfen und Arbeitsgruppen leiten. Er wird anspruchsvollere Zusatzaufgaben erhalten, Ämter übernehmen und insgesamt mehr Verantwortung innerhalb der Klassengemeinschaft übertragen bekommen als bisher. Der Umweg zu sozialer Geltung über das Reinrufen in die Klasse wird so verzichtbar.

In eigener Praxis mit einer älteren Schülerin (10. Klasse) konnte ich deren dauerndes Reinrufen einfach nur dadurch erheblich dämpfen, dass ich dem Mädchen eine Zeit lang zu Beginn jeder Stunde einen besonderen Blick, eine kleine persönliche Bemerkung zukommen ließ. »Na, war die Hausaufgabe schwer?« oder: Und, wie war der Tag bisher?« Anscheinend war sie der Auffassung, sie könne sich nur wohlfühlen, wenn sie sich besondere Aufmerksamkeit verschaffe. Indem ich ihr diese nicht mehr durch Ermahnen, sondern durch vorbeugende Kontaktaufnahme gab, konnte sie sich merklich beruhigen.

Die Gekränkte

Gesine[23], 4. Klasse, ist manchmal ein furchtbar kindisches Mädchen. Sie fühlt sich immer ungerecht behandelt und macht dann richtig Stress. Im Einzelgespräch beklagt sie sich ausgiebig über die anderen Kinder, die würden sie ständig ärgern. Die Lehrerin geht darauf aber nicht weiter ein, sondern lenkt das Gespräch ins Positive – welche Situationen sie denn als ›gut‹ erlebe. Wenn sie Arbeitsblätter austeilen darf, an die Tafel gerufen wird, in Sport etwas vormachen kann, mittags noch aufräumen hilft. »Und wenn mein Lehrer an unseren Tisch in die Gruppe kommt und fragt, wie weit ich bin, und dann redet er mit mir.« Kurz gesagt: wenn sie sich in irgendeiner Form als herausgehoben erlebt.

Dieses Muster kann man ihr allerdings nicht einfach austreiben, schon gar nicht sie dafür bestrafen. Gleichwohl würde es ihr natürlich guttun, wenn sie sich als selbstverständlichen Teil der Klassengemeinschaft sähe. Offenbar verunsichert sie aber das Arbeiten im Kollektiv – was sie als Ärger auf die anderen projiziert. Deshalb achtet die Lehrerin zunächst darauf, dass Gesine ihre Fähigkeiten bewusster wahrnimmt – das verschafft ihr in Gruppen eine sicherere Ausgangsbasis. Dann wird sie ihr vorübergehend feste Arbeitspartner zuweisen, damit sie sich nicht so schnell in größerer Runde verloren fühlt – und wieder auf Abwehr schalten muss.

23 Vgl. ebd., S. 179 ff.

Der Nullbocktyp

Eigentlich kann niemand in der Klasse Lenny (15, Realschule) leiden. Das liegt weniger daran, dass seine schulischen Leistungen überall schwach bis mangelhaft sind, weil er beim Lernen weitgehend streikt. Er benimmt sich einfach als unangenehmer Zeitgenosse, hänselt stets irgendeinen, verbündet sich mit anderen zum Mobbing gegen Schwächere, lenkt Mitschüler vom Lernen ab, will Lehrern gegenüber immer das letzte Wort haben und befolgt ihre Anweisungen nicht.

Wegen verschiedener Vorfälle musste die Schulleitung irgendwann eine Disziplinarkonferenz durchführen – Ergebnis: Lenny darf eine Zeit lang nicht an Exkursionen der Klasse teilnehmen. In der nächsten Nacht fliegt ein Stein ins Fenster des Zimmers der Schulleitung, der Täter ist nicht ermittelbar. Aber der Klassenlehrer fragt sich mit einer gewissen Beklommenheit, ob auch er selbst Ziel einer Attacke des Jungen werden könnte.

Erfahrungsgemäß können Heranwachsende dann tätlich werden, wenn sie sich in die Ecke gedrängt fühlen, für ihre Ziele und Möglichkeiten also keinerlei Ausweg mehr sehen – oder wenn man sie persönlich kränkt, ja demütigt. Deshalb ist es grundsätzlich wichtig, notwendige Sanktionen zwar klar zu formulieren und durchzuführen, sie dürfen aber nicht als Strafe oder erniedrigend wirken. Und sie sollten immer auch von Ermutigendem begleitet sein, ein positiver Beziehungsfaden etwa zum Klassenlehrer muss erhalten bleiben.

Dieser könnte Lenny etwa beiseitenehmen und mit einer Art Augenzwinkern sagen: »Mensch, musste das denn sein, dass ich als dein Klassenlehrer jetzt vor der Schulleitung blöd dastehe?« Oder mit Optimismus: »Vielleicht schaffst du es ja drei Wochen lang, auf den bisherigen Unsinn zu verzichten – dann würde ich mich dafür einsetzen, die Maßnahme auszusetzen.« Vermutlich gibt es auch irgendeine bislang verborgene Stärke von Lenny, die – und sei sie noch so gering – der Klassenlehrer geschickt aufgreifen könnte. Und vielleicht wäre der Junge sogar dafür zu gewinnen, zumindest in einem Fach mal zu powern – nicht im schwächsten, sondern im relativ besten, »da wäre doch sicher 'ne Zwei möglich«. Nicht zuletzt steht ja über kurz oder lang auch eine Ausbildungsentscheidung an – der Lehrer könnte sich dabei als Helfer ins Spiel bringen.

Der Verweigerer

Zentral ist also die pädagogische Haltung der Ermutigung – und die funktioniert auch bei älteren Jugendlichen. Der Schulleiter Wilfried Bröckelmann[24] schildert, welche Schwierigkeiten der sechzehnjährige Förderschüler Peter mit dem dreiwöchigen Betriebspraktikum hat. Dieser gibt sich als unangepasster Störenfried, der sich beim Lernen wenig zutraut, seine Mitschüler schnell als bedrohlich und entwertend erlebt sowie soziale Regeln als Barrieren für seine Bedürfnisse empfindet. Auch sein Lehrer ist für ihn zunächst der Böse, weil er ihn auf Defizite hinweist und ihm Anstrengungen zumutet.

Mit der Zeit – und dank einer wohlwollend haltgeben-

24 Vgl. W. Bröckelmann, »Zwischen Ernüchterung und Ermutigung. Jugendliche Schüler mit Lernbehinderungen im Übergang von Schule und Arbeitswelt«, in: Ahrbeck & Rauh 2006, S. 201–220.

den pädagogischen Beziehung – bekommt der Lehrer für Peter allmählich aber auch gute Seiten – denn dieser ist derjenige, der ihn dazu bringt, dass seine Handschrift leserlich wird. Außerhalb des schulischen Schonraums, im Betriebspraktikum, agiert Peter aber immer noch kindlich: Er erlebt die Mitarbeiter gegen sich, fühlt sich von ihnen ausgenutzt, ihnen unterlegen. Der Lehrer vermag nun Anstöße zu einer realistischeren Sicht der Dinge und damit zu mehr innerer Reifung zu geben, indem er mit Peter regelmäßig einen Selbsteinschätzungsbogen durchgeht – und dabei die Rolle eines unterstützenden, aber auch korrigierenden Fragenden einnimmt. Dabei macht Peter wiederholt die Erfahrung, dass das Sprechen über belastende Erfahrungen hilfreich sein kann und dass andere Menschen (Kollegen, Vorgesetzte) auch Gutes im Sinn haben können, zumindest Notwendiges. Im Unterschied zu früheren Erfahrungen gelingt es ihm bei dieser Begleitung, das Praktikum nicht abzubrechen, sondern durchzustehen.

Auch in der restlichen Schulzeit gibt der Lehrer Peter und seinen Mitschülern immer wieder wichtige Anstöße zu inneren Entwicklungsschritten – auch wenn diese auf den ersten Blick bescheiden anmuten mögen. So sollen die Schüler bei wöchentlichen Selbsteinschätzungen im Klassenplenum ihr Lernverhalten beurteilen, zunächst ohne Hinweise des Lehrers, dann vielleicht auch von diesem kritisch kommentiert. Auch Peter muss sich dabei in seiner Außenwirkung betrachten, darüber Entscheidungen treffen, diese zur Debatte stellen, womöglich eine Korrektur dazu hinnehmen. Dass dies wohlwollend coram publico geschieht, »kann das noch unsichere Selbst des Jugendlichen konturieren und festigen«.

Ermutigung ist das A und O beim Überwinden von Schulschwierigkeiten. Sie umfasst alles, was Ängste von Schülern vor Misserfolg oder vor Fremdem dämpft oder zerstreut – ohne ihnen die Sache aus der Hand zu nehmen: einen weiterführenden Hinweis geben, mit einfacheren Aufgaben beginnen, an frühere Erfolge erinnern, Gelegenheit zur Mithilfe anbieten. Ermutigung ist dabei weitaus differenzierter als ein pauschales »Du kannst das schon«: manchmal nur schon eine kleine Kontaktaufnahme; oder das Zutrauen, dass ein Vorhaben gelingen kann; auch die Rückmeldung, auf dem richtigen Weg zu sein; die Anerkennung, dass sich jemand ehrlich bemüht hat; die Fürsorge, dass alle sozial eingebunden sind; natürlich auch die Wertschätzung für eine gute Leistung; vielleicht auch die Herausforderung zu Neuem oder Besserem. Dabei kann man Unzulänglichkeiten ruhig thematisieren – es könnte geradezu kränkend wirken, wenn der Lehrer Fehler übergeht, der Schüler könnte dies als Nicht-Zutrauen werten, »ich bin anscheinend zu schwach, mich muss man schonen«.

Insgesamt ist es wie mit dem Coach beim Sportwettkampf: Er darf nicht erst hinter der Ziellinie aktiv werden, und dann auch nur bei Erfolg – er ist vielmehr während des gesamten Trainings gefragt. Er muss die Bewegung genau verfolgen, muss gelegentlich anspornen, muss die ganze Zeit achtsam, aufmerksam, präsent sein. Regelmäßige Resonanz ist auch dort wichtiger als abschließendes Lob – Erfolg spricht ja ohnehin für sich. Ermutigung als Haltung beinhaltet also vielerlei: Aufmerksamkeit und Wertschätzung; Entwicklungsoptimismus und Fehlerfreundlichkeit, Gruppeneinbindung und gute Laune; oft auch Unterstützung, Herausforderung und Zumutung.

6 Die Klasse als Entwicklungshelfer

In verschiedenen Beispielen konnten wir sehen, dass die Schulklasse eine wichtige Rolle spielen kann, wenn man ein ›schwieriges‹ Kind für konstruktiveres Verhalten gewinnen möchte. Der nur scheinbar schwachsinnige Fritzl etwa durfte unter den Mitschülern aussuchen, wer die Klassenglocke läutete oder sein Leselehrer wurde – so wurde er von allen umworben. Der Raufbold Max fand ein Stück Einbettung in die Klassengemeinschaft, als der Lehrer diese in der Krankheitsphase dafür gewann, als Unterrichtsbotschafter tätig zu werden. Und im Fall des Wildfangs Markus reichte es schon, dass die Klasse sich nicht aus der Arbeitsruhe bringen ließ. Besonders eindrucksvoll: die Klassengespräche rund um den Eifersuchtsdieb Leopold.

Auch in den aktuellen Beispielen kommt der heilsame Aspekt sozialer Einbettung zum Ausdruck. Beim unglücklichen Justus war es wichtig, seinen Blick und sein Mitgefühl für andere zu öffnen und die eigenen Beiträge zum Ganzen deutlich hervorzuheben. Für den verunsicherten Nihat war wohltuend, dass die Klasse sein unruhiges Verhalten richtig zu deuten lernte – und gleichwohl einladend auf ihn zuging. Bei Sascha, der nicht mit der Lehrerin sprach, konnten seine Nachbarn als ›Übersetzer‹ einspringen – und jedes Kind in der Klasse erlebte, dass man einen Menschen mit ungewöhnlichem Verhalten nicht ablehnen, ausschließen oder etikettieren muss. Für Charlie schließlich, der schnell zuschlug, war wichtig zu erfahren, dass seine Mitschüler zwar ihn mochten, aber nicht sein Schlagen; ihm musste die Klasse so wichtig werden, dass er bereit war, sein Verhalten zu ändern, um dort bleiben zu können.

Klassengemeinschaft als heilsamer Ort

Warum ist die Klassengemeinschaft für derartige ›Bildungswenden‹ so wichtig? Ungünstige Lebens- und Lernstile beinhalten eben immer eine im familiären Setting geronnene Störung – im Selbstbild sowie in der Beziehungsfähigkeit zu anderen. In der Klasse nun ist das Kind unter Gleichaltrigen, es kann sich vom geschwisterlichen Konkurrenzkampf entlastet fühlen, es könnte sich gleichwertiger fühlen als im Verhältnis zu den Eltern. Ihm stehen also neue Chancen offen, zur Geltung zu kommen – und in dieser Situation lässt sich eine ungünstige Übertragung/Projektion besonders gut abschwächen.

> »Ich habe viele schwierige Kinder gesehen, deren Verhalten durch das Interesse der Gespielen und durch die Zusammenarbeit mit ihnen vollständig verändert wurde.« (Adler 1931/1979)

Dazu muss der Lehrer die Klasse allerdings bewusst und gezielt als eine förderliche Gemeinschaft gestalten. Das bedeutet zuallererst, dafür zu sorgen, dass die Schüler den alltäglichen normalen Unterricht als *Arbeitsgemeinschaft* erleben – und nicht als Wettkampf oder in isolierten Lernboxen: Alle arbeiten einzeln wie miteinander daran, die Lernarbeit möglichst produktiv zu gestalten. Nimmt man weitere Gruppentätigkeiten wie Spiele, Exkursionen oder Selbstverwaltungsaktivitäten hinzu, entsteht eine noch stärker verbindende *Erlebnisgemeinschaft.* Vor allem aber geht es darum, dass die Klasse zu einem Ort des vertrauensvollen Austauschs über schulische, vielleicht gar andere

Sorgen wird (*Aussprachegemeinschaft*) – und dass sie Gelegenheit zu gegenseitiger Hilfe bietet (*Stützungsgemeinschaft*): Wer in dem einen Fach schwach ist, kann in einem anderen jemandem unter die Arme greifen; wer Verhaltensprobleme bereits überwunden hat, kann anderen nun selbst heraushelfen.

Das Heilsame einer solchen Klassengemeinschaft besteht also wesentlich auch in dem, was schon Goethe in seinen *Venezianischen Elegien* als grundlegende Kur für ›schwierige‹ Menschen beschrieben hat. »Man errege ihre Selbsttätigkeit, man gewöhne sie an Ordnung, man gebe ihnen einen Begriff, dass sie ihr Sein und Schicksal mit so vielen gemein haben, dass das außerordentliche Talent, das größte Glück und das höchste Unglück nur kleine Abweichungen von dem Gewöhnlichen sind; so wird sich kein Wahnsinn einschleichen und, wenn er da ist, nach und nach wieder verschwinden.«

In den 1920er Jahren (bis 1934) wurde erstmals in einer öffentlichen individualpsychologischen Versuchsschule[25] in Wien erfolgreich erprobt, Schüler mit Lern- oder Verhaltensschwierigkeiten auf diese Weise zu fördern und in Regelklassen zu integrieren (Wiener Schulreform). An die Stelle von Verbot und Strafe trat hier das Verständnis für individuelle Fehlhaltungen und die zugrunde liegenden Lebensleitlinien – sowie deren besonnene Korrektur im Rahmen gemeinschaftsförderlicher Prozesse.[26] Dieser Früh-

25 www.aerzteblatt.de/archiv/192437/Otto-Spiel-(1892-1961)-Individualpsychologische-Schulreform (13. 2. 2023).

26 Lutz Wittenberg, »Integration in den Versuchsschulen von Oskar Spiel und Ferdinand Birnbaum«, in: *Zeitschrift für Individualpsychologie* 29, 2004, Heft 3, S. 262–274. Vgl. auch die Rezension

form schulischer Inklusion lassen sich noch heute wichtige Anregungen abgewinnen.

Beispiel Klassenrat

Die frühen Überlegungen der Mitarbeiter Adlers zum starken Einfluss der Gleichaltrigengruppe auf einzelne Schüler hat sein Schüler Rudolf Dreikurs später zum Konzept des Klassenrates weiterentwickelt. Bereits in *Psychologie im Klassenzimmer* (1957/2018) beschreibt er, wie vorteilhaft es sei, wenn sich alle Mitglieder einer Lerngruppe in gemeinsamer Verantwortlichkeit über Probleme austauschten. Sein immer noch aktueller Titel *Lehrer und Schüler lösen Disziplinprobleme* (1971/2007) lässt uns an beeindruckenden Gesprächsverläufen teilhaben. Klassenrat in genuin individualpsychologischer Perspektive ist also mehr als ein Streitschlichtergremium: Es handelt sich vielmehr um ein Problemlöse- und Entwicklungsinstrument, bei dem der Lehrer eine maßgebliche, eben: pädagogische Rolle spielt.

Anders das Konzept »Klassenversammlung«, wie sie die Freinet-Pädagogik propagiert: Der französische Reformpädagoge Célestin Freinet hatte seine Klasse wie eine (landwirtschaftliche) Kooperative organisiert. So wie Bauern Anbau und Vermarktung ihrer Produkte gemeinsam planen und in gegenseitiger Unterstützung durchführen, sollten auch die Schüler ihr Lernen selbst gestalten und bewältigen. Klassenrat wird hier als lebendiges Selbstbestim-

von Rolf Göppel: www.pedocs.de/volltexte/2011/4893/pdf/ZfPaed_2004_2_Goeppel_Rezension_Wittenberg_Geschichte_der_individualpsychologischen_Versuchsschule_D_A.pdf (13. 2. 2023).

mungsorgan gesehen, an dem alle Mitglieder der Klasse gleichberechtigt teilnehmen. Eine eher politische Version sieht den Klassenrat als ersten Teil eines demokratiepädagogischen Lernarrangements.[27] Weil Demokratie nicht vom Himmel falle, so etwa der Erziehungswissenschaftler Wolfgang Edelstein, müssten Kinder auch in der Schule Demokratie lernen, leben und mitgestalten können.

Kindergesprächskreise

Beate Letschert-Grabbe (2021) betont demgegenüber die Bedeutung regelmäßiger Gespräche mit Kindern für deren individuelle Selbst-, Sprach- und Sozialentwicklung. Sie berichtet Verläufe solcher Kindergesprächskreise, in denen die Kinder nicht nur über akute Probleme miteinander beratschlagen. Es geht vielmehr meist um allgemeinere Fragen, die sie und ihr Leben betreffen: »Was ist Trost?«, »Geschwisterrivalität«, »Beachtung vs. Lob«, »Verwöhnung«. Die Gespräche werden so geführt, dass alle Teilnehmer zu Wort kommen können, dass sie erleben, gehört zu werden, mit ihrer Meinung wichtig zu sein. Die Kinder lernen, auf ihre Gefühle zu achten, sie in Worte zu fassen – und sie merken, dass alle ähnliche Fragen und Sorgen beschäftigen.

AG Gegenseitige Hilfe

Eine »Unterstützungsgemeinschaft« lässt sich übrigens auch ohne allzu viel Sonderaufwand organisieren: Als Klas-

27 Vgl. etwa Klassenratsinitiative Berlin-Brandenburg, klassenrat.org (13.2.2023).

senlehrer reservierte ich immer eine zusätzliche Wochenstunde für eine AG »Gegenseitige Hilfe«. Dort bot dann ein Mathe-Ass aus der Klasse zusätzliche Erklärungen an, in einer anderen Ecke bekamen einige mit Englisch-Schwäche ein Extratraining vom Sprachgenie. Ich selbst blieb auch im Klassenraum, aber nicht unterrichtend, sondern nur mit einladender Präsenz. Für mich keineswegs ein zeitliches Opfer: Ich konnte schon den nächsten Tag vorbereiten, lernte außerdem meine Schüler nebenbei genauer kennen – und vermittelte ihnen das Gefühl, dass mir ihr Vorankommen wichtig sei. Für die Schüler war's allemal ein Gewinn: Mancher ersparte sich so ein Sitzenbleiben, andere machten die stärkende Erfahrung des Helfenkönnens.

Hinführung zu konstruktiver Gemeinschaftlichkeit: das muss keineswegs eine Großaktion sein – und schon gar kein vom Unterricht losgelöstes Erziehungsprogramm. Sie sollte vielmehr mit diesem verwoben, in ihn integriert sein – und wird von der inneren Haltung des Lehrers getragen. Eine Vielzahl oft kleinster Nuancen in seinem Handeln spiegelt das wider: Wie er das zunächst oft sehr selbstbezogene Interesse der Schüler immer wieder auf die Mitschüler richtet (»Wie verstehst du das, was Petra gesagt hat?«), wie er sie immer wieder dezent dafür sensibilisiert, dass sie aufeinander angewiesen sind und zusammengehören (»Klar, was Peter angestellt hat, geht nicht; aber das hätte vielleicht jedem von uns mal passieren können – wie können wir ihm jetzt beim Wiedergutmachen behilflich sein?«). Und natürlich, ob er selbst als vertrauenswürdiger Mitmensch ein Modell für prosoziales, beziehungsaktives Verhalten ist.

7 Eltern als Mitspieler

In der Regel haben die Schwierigkeiten, die ein Schüler beim Lernen oder im sozialen Verband der Klasse hat, ihren Ursprung in seinen familiären Beziehungserfahrungen. Deshalb stellen Elterngespräche eine förmliche Fundgrube dar: Sie können mir wertvolle Informationen darüber verschaffen, unter welchen Umständen, in welchem Klima mein Schüler bislang aufgewachsen ist.[28]

Nicht selten sind Eltern aber auch selbst ›schwierig‹: Sie konterkarieren zu Hause meine schulische Arbeit mit dem Kind, oder sie kritisieren vielleicht mein unterrichtliches Vorgehen aktiv. Sie geben unberechtigten Klagen ihres Kindes vorschnell recht, oder sie meinen, ich müsse strenger mit der Klasse umgehen. Mutter oder Vater waren vielleicht selbst unglücklich in der Schule, und nun opponieren sie grundsätzlich gegen Lehrer, oder sie haben zu wenig Zutrauen zu ihrem Kind. Durch die Probleme des Kindes sehen sie ihr Erziehungswerk infrage gestellt und fürchten, auf der Anklagebank zu sitzen.

Wie kann man also Eltern eines ›schwierigen‹ Schülers als Unterstützer des eigenen pädagogischen Tuns, als Mitspieler gewinnen? Entscheidend dabei ist, dass man um die grundsätzliche elterliche Empfindlichkeit weiß. Einerseits ist ihr Nachwuchs ja ihr ganzer Stolz – andererseits bei Problemen aber eben auch eine Quelle latenten oder gar offenen Schuldgefühls. Man tut gut daran, sich stets vor Augen zu halten, wie viel Sorge und bestmögliches erzieherisches

28 Ausführlicher in: Michael Felten, *Unterricht ist Beziehungssache*, Stuttgart 2020.

Bemühen Eltern in ihr Kind bereits investiert haben. Und das will in jedem Fall, und sei er noch so schwierig, zunächst einmal respektiert, ja gewürdigt sein.

> »Die Eltern sollten nie getadelt werden, selbst dann nicht, wenn Gründe dafür vorliegen. Wir können viel mehr erreichen, wenn es uns gelingt, eine Art Pakt herzustellen, [damit sie bereit sind,] einen neuen Weg einzuschlagen.« (Adler 1930/1976)

Verständnis wäre allerdings höchstens die halbe Miete. Vielfach ist es für die Entwicklung eines Schülers günstig, wenn man seine Eltern zu einem kleinen Kurswechsel ermuntern kann. Sei es, dass sie sich etwas mehr Zeit für ihr Kind nehmen, dass sie eine etwaige Verwöhnungshaltung ihm gegenüber zurückfahren oder übersteigerte Erwartungen hintanstellen. Eltern für eine modifizierte Haltung zu gewinnen, funktioniert indes niemals mit Anordnung oder gar per Kritik, sondern nur im Einvernehmen, quasi durch Verlockung.

> »Man kann nur auf bescheidene Art den Zugang zu den Menschen finden.« (Adler 1930/1974)

Eltern sind am ehesten dann zur Mithilfe, zu ungewohntem Verhalten bereit,

- wenn sie empfinden, dass ich ihr Kind mag – trotz der Probleme, die es macht;
- wenn sie sich als Eltern nicht kritisiert fühlen – selbst wenn es Gründe dafür gäbe;

- wenn ich sie davon überzeugen kann, dass meine Anforderungen die Fähigkeiten des Kindes stärken;
- wenn ich nicht zu viel von ihnen verlange.

Eine konstruktive Gesprächsatmosphäre herzustellen, empathisch mit Eltern ›schwieriger‹ Kinder umgehen, das heißt also vor allem: das latente Minusgefühl erahnen, mit dem diese in die Schule kommen und jetzt vor dem Lehrer sitzen. Denn es ist ihr Projekt Kind, das zu misslingen droht, zumindest gefährdet ist – und sie könnten schuld daran sein. Deshalb ist es so wichtig, die positiven Eindrücke, die man vom Kind hat, an den Anfang von Elterngesprächen zu stellen. Oder auch die Eltern selbst dazu zu befragen: »Was schätzen Sie eigentlich an Ihrem Kind am meisten?« (Letschert u. a. 2014, S. 15) Diese Frage kann Eltern durchaus überraschen, sie müssen vielleicht erst länger nachdenken. Aber das, was sie dann ausbreiten, bildet eine denkbar gute Gesprächsgrundlage – und tut dem Kind, wenn es dabei ist, sichtlich wohl.

Wirksame schulische Beratungsgespräche erfordern einen Kunstgriff: den Eltern gleichwertig gegenüberzutreten – und dennoch eine gewisse Expertise zu verkörpern. Lehrkräfte haben einen speziellen Blick auf das Lern- und Sozialverhalten von Kindern, vielleicht gar auf seine Stellung im System Familie. Wir Lehrer sind es deshalb, die Eltern davon überzeugen müssten, dass und wie sich ihr Kind jederzeit positiv weiterentwickeln kann; die ihnen erklären könnten, dass ›Störverhalten‹ ein Ruf nach mehr familiärer Beachtung oder Führung ist. Deshalb ist es in der Regel auch kontraproduktiv, wenn man Eltern zu viel fragt, von ihnen quasi die Lösung erwartet. Wir sollten die Fachleute sein, sollten selbst den Kern des Problems erkennen – unsere Einsicht Eltern aber nicht vorwurfsvoll oder besserwisserisch an den Kopf werfen, sondern locker, eher beiläufig ins Gespräch einstreuen. Nicht zuletzt braucht es auch eine gewisse Souveränität, wenn Eltern schulischer Beratung abweisend gegenüberstehen, diese vielleicht gar durch Beschimpfung oder Vorwürfe an die Lehrperson abwehren. Es ist nicht leicht, auf aktuelle Killerphrasen wie »Sie haben wohl was gegen Ausländer!« gelassen zu reagieren – indem man etwa sagt: »Wissen Sie, ich glaube, wir beide machen uns ähnliche Sorgen um ihr Kind!« oder »Nein, ganz im Gegenteil, diese Kinder schätze ich besonders!«

Alfred Adler war ein Meister des einfühlsamen – und gleichzeitig orientierungsreichen – Elterngesprächs. An seinen transkribierten Beispielen verblüfft regelmäßig, mit welcher Leichtigkeit und welchem Optimismus er auch schwierige Probleme angeht (vgl. Adler 1930/1993):

Da ist zum Beispiel Michael, 12, Mitglied einer Räuberbande. Er ist ein heiteres und beliebtes Kind, in seinen Träumen spielt er oft Heldenrollen. Als mittleres von drei Kindern hat er die Neigung entwickelt, sich an ältere anzulehnen. Adler kommt gar nicht auf das Problem der Diebstähle zu sprechen, sondern versucht den Vater dafür zu gewinnen, seinen Sohn mutiger zu machen; dann brauche dieser nicht länger sein Heil darin zu suchen, den Untergebenen zu spielen:

> »Wir halten ihren Sohn für einen durchaus vielversprechenden Jungen. Sein größter Fehler ist, dass er sich zu gerne führen lässt. Sie können sehr viel tun, ihm zu helfen. Er sollte nicht bestraft werden. Man muss ihn viel-

mehr ermuntern und überzeugen, dass er stark genug ist, auch ohne Hilfe seines Bruders oder seiner Bande etwas Vernünftiges zustande zu bringen.« (Zitat gerafft.)

Oder nehmen wir Nicholas, 12, einen Jungen, der rauft, stiehlt und streunt, Tiere quält, keine Freunde hat, dafür nachts Alpträume. Zeitweise lebte er in verschiedenen anderen Familien sowie einem Erziehungsheim; seit der Rückkehr zur Mutter vor vier Jahren hat er eine ältere Halbschwester, die eine sehr gute Schülerin ist, aber viel mit ihm streitet. Adler thematisiert nicht seine Untaten, sondern zeigt der Mutter, dass ihr Sohn indirekt eine innere Not ausdrückt – und sie das Problem mit einfachen Mitteln lindern kann:

»Wir glauben, dass die Angelegenheit keineswegs hoffnungslos ist. Er ist ein intelligentes Kind, und vielleicht will er Ihnen zeigen, dass er das Gefühl hat, ungerecht behandelt zu werden. Ich glaube, es wäre eine gute Sache, wenn Sie ihn überzeugen könnten, dass sie ihn ebenso liebhaben wie seine ältere Schwester. Vielleicht können Sie seine Schwester auch davon abbringen, mit ihm zu streiten. Möglicherweise wollten Sie ihn zu schnell dazu bringen, ein guter Junge zu sein, und haben ihn viel getadelt. Wir vermuten, dass er insgeheim denkt, sie zögen seine Schwester vor, und dass er seine Hoffnung auf Ihre Gunst aufgegeben hat. Sie könnten anfangen, ihn ab und zu ins Vertrauen zu ziehen, ihn nach seiner Meinung zu fragen – so könnte er erleben, dass Sie ihn ernst nehmen.«

Saul, 8, hingegen hat nur schlechte Schulleistungen, das ist ihm aber offenbar gleichgültig; er stört andere durch Ulk und Attacken, weint schnell, erzählt Phantasiegeschichten, machte im Kindergarten keinen Ärger. Er ist fettleibig und sieht schlecht, draußen wird er viel verspottet, er mag Tiere und Blumen. Er hat eine drei Jahre jüngere Schwester, hübsch und liebenswürdig, er mag sie; seiner Mutter hilft er gern und ist sehr reinlich.

> »Es war in vieler Hinsicht sehr vernünftig, wie Sie mit ihrem Sohn umgegangen sind. Der Ursprung seiner Schwierigkeiten ist wahrscheinlich der Umstand, dass er dreieinhalb Jahre lang als einziges Kind im Mittelpunkt stand und nicht genügend Möglichkeiten hatte, selbständig zu werden. Nun könnte er fürchten, seine Schwester entwickle sich besser als er oder Sie zögen sie vor. Versuchen Sie, ihn davon zu überzeugen, dass er ein wichtiges Familienmitglied ist. Geben Sie ihm reichlich Gelegenheit zu eigenen Erfahrungen außerhalb der Familie, und fragen Sie ihn ab und zu um Rat, damit sich seine Kritikfähigkeit entwickeln kann. Ihn bedrückt auch sein Gewicht, vielleicht sollte man seinen Speisezettel ändern. Wenn Sie unsicher sind, fragen Sie seine Lehrerin, die versteht ihn gut und wird gerne helfen.«

John, 8, möchte immer kämpfen, stört dauernd, ist ungeschickt, benimmt sich albern. Zu Hause ist er ungehorsam, trödelt ständig herum, ist in der Klasse unbeliebt, überdurchschnittlich intelligent, seine schulischen Leistungen sind sehr gut, aber sein Verhalten lästig; für gutes Betragen wird er vom Vater belohnt. Seine drei Jahre jüngere Schwester ist sehr schlau, gehorsam und liebenswert, sie wird ihm als Vorbild hingestellt; er spielt gerne mit ihr. Als Kleinkind war er für 16 Monate bei einer strengen Säuglingsschwester. Die Mutter hat ihn nicht im Griff, der Vater war streng und strafend. Die Eltern haben ein gemeinsames Geschäft, haben John oft sich selbst überlassen.

> »Ihr Sohn ist kein böser Junge, sondern Sie haben alle einander missverstanden. Seit er in der Familie nicht mehr im Mittelpunkt steht, hat er begonnen, um Aufmerksamkeit zu kämpfen. Dazu kam die Schule, wo er seine mühelose Überlegenheit nicht mehr aufrechterhalten konnte. Vielleicht können wir ihn davon überzeugen, dass er geliebt und geschätzt wird, wenn er sich nützlich macht. Wenn es Ihnen beiden gelingt, ihm zu zeigen, dass Sie wirklich seine Freunde sind, wird sein Ungehorsam verschwinden.«

An Adlers Äußerungen zu ratsuchenden Eltern fällt insgesamt der ermutigende Duktus, die vorsichtige Diktion auf:

> »Wir halten Ihr Kind für ein vielversprechendes Mädchen.«
> »Wir glauben, dass Robert ein sehr intelligenter Junge ist.«
> »Wir sind der Ansicht, dass der Fall Ihres Sohnes keinesfalls hoffnungslos ist.«
> »Sie haben sein Benehmen in vielerlei Hinsicht schon gut verstanden.«
> »Ich bin sicher, dass Sie sich schon sehr in diese Richtung bemüht haben.«

Seine Einschätzungen trägt Adler den Eltern durchaus kundig vor, aber nicht dogmatisch, immer auch zur Modifikation bereit; nie überfordert er die Eltern damit, dass *sie* das Problem erkennen sollten, schon gar nicht macht er ihnen Vorwürfe:

»Wir haben herausgefunden …«
»Es scheint so zu sein, dass …«
»Sein größter Fehler ist ein Irrtum über sich selbst: …«
»Vielleicht fanden Sie einfach nicht das richtige Stichwort.«
»Sie sind wirklich eine gute Mutter, aber irgendwann muss etwas passiert sein …«

Nicht unwichtig ist auch, dass seine Vorschläge zur Mithilfe einfach und konkret ausfallen:

»Vielleicht können Sie ihr sagen …«
»Predigen bringt nichts, besser wirkt es, wenn Sie …«
»Auch wäre es gut, wenn der Vater …«
»Erlauben Sie ihm ruhig …«
»Könnten Sie sich vorstellen, ihn ab und zu nach seiner Meinung zu fragen?«

Individualpsychologisch orientierte Familienberatungen können auch gemeinsam mit Eltern und Kind durchgeführt werden. Man kann dabei beide Seiten gleichzeitig ermutigen und zu Vorschlägen ermuntern. Man kann ihnen vormachen, wie man die jeweils andere Seite ernst nimmt, ihre Motivlage positiv ausdeutet, die ganze Verwicklung wohlwollend interpretiert. Man kann etwa eine Mutter in Anwesenheit ihrer Tochter dazu ermuntern, sich konsequent aus deren Schulsachen herauszuhalten. So erleben beide Seiten auch, dass man ihnen zutraut, mit den Problemen umgehen zu lernen.[29]

Es empfiehlt sich übrigens, Eltern ›schwieriger‹ Schüler nicht nur bei negativen Anlässen in die Schule einzuladen. Beate Letschert (Letschert u. a. 2014, S. 246 f.) schildert eine nicht übliche Begegnung mit einem jungen Vater. Er tritt zunächst sehr abweisend auf, die Lehrerin aber zeigt ihm ausschließlich verschiedene Arbeiten seiner Tochter; ganz allmählich beginnt er sich dafür zu interessieren, stellt Rückfragen, ist verwundert, dass am Ende nicht doch noch etwas Negatives zur Sprache kommt – und bedankt sich schließlich mit den Worten: »Ich wollte sagen, so hat noch nie jemand mit mir gesprochen.«

Solche Elternarbeit kostet ihre Zeit, aber diese zahlt sich allemal aus: durch geringeren familiären Widerstand gegen Pläne und Agieren der Schule – sowie dadurch, dass das Kind nicht so leicht eine Seite gegen die andere ausspielen kann. Ziel aller Elternarbeit kann nur sein, Mütter und Väter in ihrem ureigenen Wirkungsbereich, der Familie, zu stärken – sie darin zu versichern, dass die Schule nur Gutes für ihr Kind will, auch wenn dieses über Anforderungen und Schwierigkeiten klagen mag. Denn Eltern schulden ihren Kindern, so der Kinderpsychologe Bruno Bettelheim in seinem Buch *Liebe allein genügt nicht*, eine dreifache Grundorientierung:

- Du bist beim Lernen nicht allein.
- Du kannst in der Welt viel Faszinierendes entdecken.
- Du kannst unangenehme Situationen aushalten.

29 Vgl. Schöneich 2012, S. 122 f.

Ausblick

Man mag in diesem Buch kritische Bemerkungen darüber vermissen, was dem gegenwärtigen Schulwesen fehlt: genügend Personal mit zeitgemäßer Ausbildung, angemessene Ausstattung der Schulen, auch mit Psychologen. So berechtigt diese Forderungen sind: Systemische wie bildungspolitische Überlegungen helfen nicht weiter, wenn morgen wieder ein Schüler die Klasse aufmischt, eine Schülerin entmutigt sich wegduckt. Dann ist es die einzelne Lehrkraft, die wissen will, was zu tun ist; nur sie ist diejenige, die mit dem Auffälligen angemessener umgehen, das Unauffällige sensibler wahrnehmen kann, das einzelne Kind auf einen günstigeren Weg bringen kann.

Man spricht gerne abfällig über ›Einzelkämpfer‹, tatsächlich aber hat gerade im Pädagogischen der Einzelne viel in der Hand. Tun sich indes einige Einzelne zusammen (und seien es nur zwei), kann das die pädagogische Energie potenzieren: Man kann sich im kollegialen Austausch leichter in andere Perspektiven auf Schüler eindenken, wird vielleicht auch auf eigene blinde Flecken aufmerksam, erhält eventuell durch externe Supervision überraschenden Rat. Manche Schulen haben regelmäßige Arbeitskreise für ›kollegiale Fallberatung‹ eingerichtet, für alle, die durch ›schwierige‹ Schüler gerade besonders gefordert sind – oder die das Thema generell interessiert. Entscheidend ist, über den resignativen Gedanken »Da kann man nix machen!« hinauszukommen.

Wie es konkret aussehen könnte, wenn ganze Schulen bzw. Kollegien ihre pädagogische Arbeit am individualpsychologischen Gedankengut nach Alfred Adler orientieren, hat Beate Letschert-Grabbe (2022) skizziert. Eine von ihr beispielhaft beschriebene Grundschule veranstaltet präventive Informationsabende für Eltern, um der verbreiteten häuslichen Erziehungsunsicherheit entgegenzuwirken. Behandelt werden Themen wie »Machtkämpfe in der Familie«, »Verwöhnung« oder »Geschwisterrivalität« – in Form von Kurzvorträgen, Debatten in Kleingruppen und abschließendem Austausch. Für die Schüler wurden Gesprächskreise eingerichtet, in denen sie lernen können, über ihre Gefühle beim Lernen oder auch in der Familie zu sprechen.

Herzstück aber ist die kontinuierliche Schulung der Lehrkräfte: Sie bekommen Gelegenheit, einander im Unterricht zu hospitieren, ein ›schwieriges‹ Kind genauer zu beobachten und diesen Fall nachher kollegial zu reflektieren. Zudem werden sie ermuntert, regelmäßig ihre Erfolge bei Schülern den Kolleginnen vorzustellen. Schwerpunkte dabei sind der Wechsel von der Lehrersicht auf die Kinderperspektive, das Zusammentragen verschiedener kollegialer Perspektiven, die Suche nach Stärken und Verantwortungsbereichen des Kindes sowie die Befähigung zu differenzierter Rückmeldung an Kinder – anstelle von pauschalem Lob.[30]

Was unter Medizinern mittlerweile fast selbstverständlich ist – das Konzept der geleiteten Fallbesprechungsgruppe nach Balint – wäre Lehrkräften ebenfalls zu wünschen: dass Schule auch ein Ort ist für Kollegiale Beratung (ggf. mit Supervision).[31] Dazu bräuchte es nicht viel – viel-

30 Weitere Details vgl. http://alfred-adler-panorama.info/praxis/

31 Ausführlicher in: Michael Felten, *Unterricht ist Beziehungssache*, Stuttgart 2020.

leicht zunächst nur einmal die Bereitschaft von Schulleitungen, im Bedarfsfall dafür unterrichtliche Entlastung einzuräumen? Und manches geht auch alleine: Schon die Lektüre von individualpsychologisch fokussierten Fallschilderungen kann unversehens optimistisch stimmen, kann einen produktiv über die eigenen Schüler vom Vormittag nachdenken lassen, beschert einem vielleicht eine überraschende Idee, wie man einen bislang bockigen Jugendlichen zu neuem Aufbruch gewinnen könnte.

Literatur und Links zum Vertiefen

Adler, Alfred: Das Leben gestalten. Vom Umgang mit Sorgenkindern. [1930.] Frankfurt a. M. 1993. *[Besonders schulrelevant.]*

– Kindererziehung. [1930.] Frankfurt a. M. 1976. *[Besonders schulrelevant.]*

– Neurosen. Zur Diagnose und Behandlung. [1929.] Frankfurt a. M. 1981.

– Der Sinn des Lebens. [1933.] Frankfurt a. M. 1973.

– Die Technik der Individualpsychologie. Bd. 2: Die Seele des schwer erziehbaren Schulkindes. [1930.] Frankfurt a. M. 1974. *[Besonders schulrelevant.]*

– Wozu leben wir? [1931.] Frankfurt a. M. 1979.

Ahrbeck, Bernd / Rauh, Bernhard (Hrsg.): Der Fall des schwierigen Kindes. Therapie, Diagnostik und schulische Förderung verhaltensauffälliger Kinder und Jugendlicher. Weinheim 2006.

Dinkmeyer, Don / Dreikurs, Rudolf: Ermutigung als Lernhilfe. Stuttgart 1970. ^{2}2018.

Dreikurs, Rudolf: Psychologie im Klassenzimmer. Stuttgart 1957. ^{4}2018.

– Lehrer und Schüler lösen Disziplinprobleme. Weinheim 2007.

Felten, Michael: Unterricht ist Beziehungssache. Stuttgart 2020.

Kishimi, Ichiro / Koga, Fumitake: Du musst nicht von allen gemocht werden. Reinbek 2018.

Letschert, Beate / Letschert, Jos / Clasen, Maria: Ist mir doch egal! Ermutigung: Eine pädagogische Herausforderung. Hohengehren 2014.

Letschert-Grabbe, Beate: Das übersehene Kind. Weinheim/Basel 2021.

– Ermutigung als Schulprogramm: Eine Brennpunkt-Grundschule richtet ihr pädagogisches Konzept an der Individualpsychologie aus. In: Zeitschrift für Individualpsychologie 47, 2022, Heft 2, S. 128–145.

Schöneich, Sabine: Schwierige Schüler? Wie Lehrer und Schüler besser zusammenarbeiten. Weinheim/Basel 2011.

Seelmann, Kurt: Adlers Individualpsychologie. Ein System der Menschenkenntnis. In: Dieter Eicke (Hrsg.): Tiefenpsychologie. Bd. 4: Individualpsychologie und analytische Psychologie. Weinheim/Basel 1982. S. 42–113.

Simon, Alfons: Helga. Ein emotional verwahrlostes Kind findet den Weg in die Gemeinschaft. München 1958. Reprint: Meilen 2016.

– Verstehen und Helfen. Schwierigkeiten bei Schülern überwinden. München 1951. Reprint: Meilen 2015.

Wittenberg, Lutz: Integration in den Versuchsschulen von Oskar Spiel und Ferdinand Birnbaum. In: Zeitschrift für Individualpsychologie 29, 2004, Heft 3. S. 262–274.

– Geschichte der individualpsychologischen Versuchsschule in Wien. Wien 2002.

Wunsch, Albert: Die Verwöhnungsfalle. München [16]2013.

***

Falls Sie sich über individualpsychologisches Denken und Alfred Adler vertieft informieren wollen:

http://alfred-adler-panorama.info

Falls Sie für einen eigenen ›schwierigen‹ Schüler individualpsychologische Beratung suchen, können Sie bei der Geschäftsstelle der Deutschen Gesellschaft für Individualpsychologie nachfragen:

www.dgip.de/geschaeftsstelle-der-dgip

Falls Sie wissen möchten, ob auch der Autor zu Ihrem ›Problemfall‹ eine Idee hat: Schreiben Sie mir einfach (www.eltern-lehrer-fragen.de) – wir könnten dann ggf. auch miteinander telefonieren.

Falls Sie einen eigenen ›gelungenen Fall‹ anderen Lehrkräften zugänglich machen möchten: Wir könnten dazu per Website eine anonymisierte Sammlung anlegen …

Verzeichnis ›Symptome‹

Übersicht ›Auswege‹

›Störende‹ Schüler folgen oft irrtümlichen inneren Zielsetzungen – wer diese erkennt, kann aus Teufelskreisen aussteigen (nach Dreikurs [4]2018):

Schülerverhalten (Ausgangsproblem)	Irrtümliche innere Annahme (Zielsetzung)	Naheliegende Lehrerreaktion (Indiz)	Ungünstige Folge beim Schüler (Teufelskreis)	Sinnvolle Maßnahme der Lehrkraft (Ausweg)*
aktiv: schwätzen, angeben, dazwischenrufen, lästig sein passiv: faul, gefallsüchtig, übertrieben charmant, überempfindlich, tollpatschig, initiativarm, begriffsstutzig	»Ich fühle mich nur wohl, wenn ich ständig Beachtung habe.« (AUFMERKSAMKEIT)	ärgerlich, gereizt, unwillig, ermahnend	(nur) zeitweilige Beruhigung, Bestärkung durch negative Aufmerksamkeit	ignorieren, nicht beachten, abwarten, humorvoll übergehen, Aktivität ins Nützliche umlenken, nach Verzögerung bei Positivem beachten

aktiv: stur, widerspenstig, lügt, verweigernd, muss gewinnen, will Kontrolle	»Ich fühle mich nur wohl, wenn ich Einfluss habe, gewinne, die Situation beherrsche.« (MACHT)	fühlt sich bedroht, herausgefordert, ist um sein Ansehen besorgt, zeigt das aggressiv	verstärkter Kampf (Trotz)	aussteigen (recht geben, unerwartet freundlich reagieren, gelassen abwarten), zeitversetzt Positives beachten, Anregungen zu konstruktiver Machtausübung geben
aktiv: boshaft, gemein, verletzend, lügt, mobbt passiv: schmollt, klagt über andere, gibt sich ungeliebt oder als Opfer, gewährt dem Lehrer keinen Erfolg	»Ich sehe keinen Weg, mich wohlzufühlen – aber ich kann das Wohlgefühl anderer stören.« (RACHE)	fühlt sich verletzt, lehnt ab, will heimzahlen bzw. Lektion erteilen, sucht Verbündete, straft, schaut weg	gesteigerte Vergeltung	Stopp-Zeichen setzen, dann aussteigen und abkühlen, auf positive Seiten/Möglichkeiten hinweisen, Verständnis und Hilfsbereitschaft erklären, vorschlagen zeitweise auf Provokation zu verzichten
passiv: gibt sich vollkommen hilflos/ dumm, nimmt an nichts teil, ist initiativlos, will in Ruhe gelassen werden	»Ich sehe überhaupt keinen Weg, mich wohlzufühlen – ich gebe auf.« (UNFÄHIGKEIT)	ohnmächtig/ verzweifelt, gibt auf, beachtet nicht, mahnt überfürsorglich	anhaltende bzw. verstärkte Passivität	Mitleid vermeiden, mehr Lernzeit einräumen, kleine Erfolge organisieren, nicht aufgeben, verschüttete Interessen finden

* langfristig außerdem: vielfältig ermutigen, genug Zeit für positiven individuellen Kontakt einräumen

Zum Autor

MICHAEL FELTEN, Jg. 1951; 1981–2017 Gymnasiallehrer für Mathematik und Kunst in Köln, seit 2007 Lehraufträge an der PH Heidelberg, Alanus-Hochschule Alfter und Uni Bonn; seit 1995 Autor von Unterrichtsmaterialien, Sachbüchern sowie schulpädagogischen Beiträgen in Tages- und Fachpresse (Print und Audio, darunter über 6 Jahre die Kolumne »Schulfrage« für ZEIT *online*); seit 2010 unabhängiger Referent in der Lehrerweiterbildung; inhaltliche Schwerpunkte: Verbindung von Lernforschung und Schulpraxis, Individuelle Förderung, Beziehungsaspekte des Unterrichtens, Inklusion; Onlinepräsenz und Kontakt: www.eltern-lehrer-fragen.de.

Wichtige Publikationen: Auf die Lehrer kommt es an! Für eine Rückkehr der Pädagogik in die Schule (2010/³2014); Lernwirksam unterrichten. Im Schulalltag von der Lernforschung profitieren (2012/³2014 ; gemeinsam mit Elsbeth Stern); Lob der Unterrichtslenkung (2016); Die Inklusionsfalle (2017); Unterricht ist Beziehungssache (2020).